L'ART THÉATRAL

CONGRÈS INTERNATIONAL DE 1900

TENU

A L'EXPOSITION UNIVERSELLE

AU PALAIS DES CONGRÈS

DU 27 AU 31 JUILLET 1900

PARIS
IMPRIMERIE C. PARISET
101, RUE RICHELIEU, 101

1901

L'ART THÉATRAL

CONGRÈS INTERNATIONAL DE 1900

TENU

A L'EXPOSITION UNIVERSELLE

AU PALAIS DES CONGRÈS

DU 27 AU 31 JUILLET 1900

PARIS

IMPRIMERIE C. PARISET

101, RUE RICHELIEU, 101

1901

L'ART THÉATRAL

L'ART THÉATRAL

CONGRÈS INTERNATIONAL DE L'ANNÉE 1900

Historique.

Dès que la direction de l'Exposition universelle de l'année 1900 eut annoncé qu'elle allait s'occuper des Congrès Internationaux, elle reçut une très grande quantité de propositions. On sait que la plupart de celles-ci furent admises et l'on sait aussi le nombre considérable de Congrès qui se sont réunis au Palais élevé sur les bords de la Seine, à l'entrée de la rue de Paris. Parmi les propositions soumises à l'administration de l'Exposition universelle, en figurait une, apportée par M. Raoul Charbonnel, publiciste, et qui réclamait la réunion d'un Congrès " du matériel théâtral ".

Cette demande fut agréée par l'administration.

L'initiateur du Congrès s'occupa alors de réunir, d'accord avec l'administration de l'Exposition universelle, dont il faisait d'ailleurs partie, une commission d'organisation, qui, avec les adjonctions postérieures, fut composée de la façon suivante :

Commission d'organisation.

MM. Aderer (Adolphe), auteur dramatique.
Lambert (Albert), père, artiste de l'Odéon.
Amable, peintre décorateur.
Anjubault, publiciste.
Antoine (André), directeur du Théâtre Antoine.
Banès (Antoine), bibliothécaire de l'Opéra.

MM. Bourgeat (Fernand), critique dramatique et musical.
Boyer (Georges), secrétaire général de l'Opéra.
Baudez.
Brunel, architecte en chef de la Préfecture de Police.
Carpezat, artiste décorateur.
Cassien-Bernard, architecte de l'Opéra.
Charbonnel (Raoul), auteur dramatique.
Clémançon, directeur de la Compagnie générale de travaux d'éclairage et de force.
Colombier (Eugène), chef machiniste du Châtelet.
Colonne (Edouard), chef d'orchestre.
Denis Valvérane, artiste peintre, dessinateur.
Desgranges (Félix), chef d'orchestre.
Desjardins, avocat.
Formentin (Charles), critique dramatique.
Fouquet, publiciste.
Gandrey.
Germain (Auguste), auteur dramatique.
Ghensi, auteur dramatique.
Jauffret (Baptistin), directeur de l'Opéra-Municipal.
Julien-Pélissier, costumier de théâtres.
Le Bargy, sociétaire de la Comédie-Française.
Lefeuve (Gabriel), publiciste.
Lintilhac (Eugène), critique dramatique, chef adjoint du cabinet du ministre de l'Instruction publique.
Lolié (Frédéric), critique dramatique.
Lorrain (Jean), auteur dramatique.
Ménessier, peintre décorateur.
Meyer, ingénieur.
Milliet (Paul), homme de lettres.
Moisson, peintre décorateur.
Monval, archiviste, bibliothécaire de la Comédie-Française.
Nadaud.
Nicoulès, chef machiniste à la Comédie-Française.
Oppenheim (Stany), publiciste.
Peutat, artiste dramatique.
Pierné (Gabriel), compositeur de musique.
Porel, directeur du Vaudeville.
Paudhon, sociétaire de la Comédie-Française.
Roger (Victor), publiciste.

MM. Saint-Paul, ingénieur.
Samuel (Fernand), directeur des Variétés.
Stoullig (Edouard), secrétaire général du théâtre de la Renaissance.
Taffanel, chef d'orchestre de l'Opéra.
Vanor (George), critique dramatique.

La Commission d'organisation se réunit une première fois en février 1900 sous la présidence de M. Gariel, délégué général de la direction de l'Exposition universelle auprès des Congrès internationaux. M. Gariel, d'accord avec la commission, fixa la durée et la date du Congrès du " matériel théâtral ": le Congrès durerait quatre jours, du 27 au 31 juillet. M. Gariel donna à la Commission un certain nombre de renseignements pratiques; puis il l'invita à constituer son bureau.

Composition du bureau.

L'élection du bureau donna les résultats suivants :

M. Adolphe Aderer fut élu président à une très forte majorité : quelques voix se portèrent sur M. Edouard Colonne.

Puis la Commission nomma vice-président de la section d'architecture théâtrale, M. Bunel, architecte en chef de la Préfecture de police ; vice-président de la section d'électricité, M. Clémançon ; et vice-président de la section de la mise en scène M. Porel, directeur du théâtre du Vaudeville. La Commission élut secrétaire général M. Raoul Charbonnel, qui, mis en demeure d'opter entre ses fonctions administratives et sa qualité de membre d'une Commission du Congrès, résigna ses fonctions administratives pour se consacrer uniquement au Congrès dont il avait pris l'initiative.

Elle choisit enfin comme ses trésoriers M. Félix Desgranges et trésorier-adjoint M. Julien Pélissier.

M. Adolphe Aderer, élu président, après avoir remercié ses collègues, leur proposa alors deux choses : 1° de changer le titre du Congrès et de l'appeler, d'une façon plus générale, le *Congrès de l'art théâtral*; 2° de créer une quatrième section, qui traiterait les questions générales intéressant l'art et surtout les artistes des théâtres, le public qui les fréquente, les auteurs qui y sont joués, les employés et artisans de tous genres qui y sont attachés. Ces deux propositions furent adoptées et reçurent bientôt l'agrément de l'administration. M. Albert Lambert fut élu vice-président de la quatrième section.

Comité d'honneur.

Le président, M. Adolphe Aderer, se préoccupa de réunir un « comité d'honneur ».

Il en offrit verbalement la présidence à M. Georges Leygues, ministre de l'instruction publique et des beaux-arts, qui l'accepta et par écrit la vice-présidence à M. Henry Roujon, directeur des beaux-arts qui lui répondit :

J'accepte très volontiers. A vous de cœur, mon cher ami.

HENRY ROUJON.

Il reçut, d'autre part, les adhésions suivantes :

Mon cher confrère,

Oui, certes, j'accepte avec grand plaisir de faire partie du comité d'honneur du Congrès de l'art théâtral sous votre bonne présidence.

Veuillez, etc...

HENRI DE BORNIER.

Cher ami,

J'accepte avec plaisir de siéger sous votre présidence au Congrès de l'art théâtral, à la condition toutefois que je pourrai vous être bon à quelque chose.

Mille amitiés,

ALBERT CARRÉ.

Mon cher ami,

Comment voulez-vous que je vous refuse ce concours platonique et cependant tout dévoué? Je suis tout à vous et je crois au succès de ce très intéressant Congrès.

Votre affectionné,

JULES CLARETIE.

Cher monsieur,

J'accepte très volontiers l'honneur que la commission d'organisation du Congrès de l'art théâtral veut bien me faire.

Je vous prie d'agréer, etc.

THÉODORE DUBOIS.

Cher ami,

Tout ce que tu voudras. Mets-moi de tous les comités qu'il te plaira.

Cordialement.

PAUL GINISTY.

Mon cher ami,

Je suis très heureux et flatté de faire partie de votre comité d'honneur.

Je vous serre très cordialement la main.

HENRI LAVEDAN.

Mon cher confrère et ami,

S'il n'y a « rien à faire », ce sera comme il vous plaira.

A vous cordialement.

JULES LEMAITRE.

Monsieur,

Je ne suis guère théâtral, mais si mon nom peut vous être agréable dans le comité d'honneur du Congrès, je vous le donne avec grand plaisir.

Recevez l'assurance, etc.

MASCART.

Mon cher président et ami,

Je suis très honoré de votre désir et vous en remercie infiniment.

Votre fervent,

MASSENET.

Monsieur,

Il serait quelque peu impertinent à moi de ne pas me trouver très honoré de l'offre que vous voulez bien me faire de la part de la commission d'organisation du congrès de l'art théâtral de faire partie de son comité d'honneur...

Le goût que j'ai pour le théâtre, le fait d'avoir formé quelques élèves qui ont fait des théâtres, satisfaction que ma carrière personnelle ne m'a pas donnée, m'absoudront de l'apparence de prétention de ma part de paraître en si spéciale et si séduisante compagnie.

Veuillez, etc.

PASCAL.

Mon cher confrère,

Je vous donne volontiers l'adhésion que vous me demandez.

Je vois avec plaisir que mon rôle ne sera pas au-dessus de mes facultés.

Croyez bien, mon cher confrère, à mes sentiments les plus dévoués.

ERNEST REYER.

Mon cher président,

Tout l'honneur sera pour moi. Je vous prie de vouloir bien agréer pour vous et de faire agréer à messieurs les membres de la commission, avec mes remerciements, l'assurance de mon parfait dévouement.

VICTORIEN SARDOU.

D'autre part, M. Gailhard faisait transmettre son acceptation par M. Georges Boyer, secrétaire de l'Opéra et membre de la Commission d'organisation.

Circulaire d'adhésion.

Le président fit alors adresser à toutes les personnes qui pouvaient donner leur adhésion au Congrès la lettre suivante :

CONGRÈS INTERNATIONAL DE L'ART THÉATRAL

(PARIS, DU 27 AU 31 JUILLET 1900)

Monsieur,

Un Congrès international de l'art théâtral se tiendra à Paris les 27, 28, 30 et 31 juillet 1900.

Il n'est pas besoin, sans doute, d'en faire ressortir l'importance et l'utilité.

Le théâtre, qui intéresse aujourd'hui tous les peuples, n'est plus considéré seulement comme le divertissement délicat de quelques privilégiés. On lui attribue non sans raison une influence réelle sur les mœurs et les idées d'une nation. Mais il ne se contente pas de distraire les foules: il est prêt à instruire les hommes en les amusant.

Il eût été regrettable que, parmi tant de congrès traitant de questions intéressantes, un seul ne figurât point : le Congrès de l'art théâtral.

Aussi un certain nombre d'entre nous, mêlés à la vie théâtrale dans des conditions différentes, se sont réunis, sous les auspices du Gouvernement français, et ont organisé, d'un commun accord, ce Congrès, pour lequel ils vous demandent votre adhésion et votre concours.

Nous avons pensé qu'il y avait lieu de provoquer les avis et les opinions des personnes informées sur quelques points principaux et essentiels, tels que l'architecture intérieure et extérieure des théâtres, la sécurité des spectateurs, l'éclairage des salles et des scènes, la machinerie, la décoration et les costumes, la mise en scène des pièces classiques ou modernes et enfin quelques questions d'ordre général concernant les auteurs, les artistes et le public.

Nous faisons appel à votre science et à votre bonne volonté et nous espérons qu'en donnant votre adhésion au Congrès, vous voudrez bien le faire profiter des connaissances particulières que vous possédez sur les diverses questions proposées.

Nous vous serons très reconnaissants de bien vouloir solliciter autour de vous l'adhésion des personnes que vous croirez disposées à participer à notre Congrès.

Veuillez agréer, M. , l'expression de notre considération la plus distinguée.

Pour la Commission d'organisation :

Le Secrétaire général, RAOUL CHARBONNEL.

Le Président, ADOLPHE ADERER.

Programme préliminaire.

PREMIÈRE SECTION

ARCHITECTURE THÉATRALE

Vice-Président : M. BONNEL.

1° Plans, distribution et aménagement intérieur des salles de spectacles, concerts et auditions diverses ;

2° Proscenium (maintien ou suppression), installation de l'orchestre ;

3° Règlements et ordonnances concernant la sécurité des spectateurs et des artistes en France et à l'étranger ;

4° Construction et aménagement d'un théâtre populaire.

DEUXIÈME SECTION

ÉCLAIRAGE. — MACHINERIE

Vice-Président : M. CLÉMANÇON.

Éclairage :

1° Distribution générale de la lumière électrique ou du gaz dans un théâtre ;

2° Répartition de la lumière dans une salle de théâtre et moyens d'éclairage ;

3° Éclairage de la scène, systèmes de jeux d'orgue et matériel, effets de scène, projections ;

4° Distribution de l'énergie électrique, canalisation, tableaux, appareils de mesure et de sûreté ;

5° Règlements publics sur l'installation de l'éclairage électrique dans les théâtres, fonctionnement des commissions techniques.

Machinerie :

1° Construction générale de la scène, matériaux à employer ;
2° Systèmes divers de scènes, machineries commandées par la force hydraulique ou l'énergie électrique, plateaux tournants, ascendants, glissants, etc. ;
3° Construction des décors et praticables, leur manœuvre, etc.

TROISIÈME SECTION

MISE EN SCÈNE. — COSTUMES

Vice-Président : M. Porel.

1° Comment feriez-vous, dans l'ordre littéraire, la mise en scène d'un chef-d'œuvre classique tel que *Athalie*, *Roméo et Juliette* ou *Faust* ?

Comment, dans l'art musical, mettriez-vous à la scène *Orphée* et *Don Juan*, en supposant que vous ayez à votre disposition, sans compter, tous les perfectionnements les plus modernes et les documents historiques et autres les plus récents ?

Que feriez-vous comme décors (plantation, mobilité, changements à vue, etc.) ; comme costumes et accessoires (armes, bijoux, perruques, mobilier, fleurs, effets de lumière, apparitions, trucs de toutes sortes, etc.), en ne tenant compte que de la durée normale d'un spectacle du soir ?

2° Costumes et accessoires ; matières à employer pour la reconstitution des costumes anciens.

QUATRIÈME SECTION

QUESTIONS GÉNÉRALES

Vice-Président : M. Albert Lambert fils.

1° Création et exploitation de théâtres populaires ;
2° Rapports entre les artistes et les agences ;
3° Tournées artistiques ;
4° Caisses de retraite, etc..., etc...

Travail des sections.

Pendant que le secrétaire général provoquait et recueillait les adhésions, les quatre sections se mettaient à l'œuvre.

Il faut l'avouer : trop rares furent ceux qui assistèrent aux séances de section ou même aux séances générales de la Commission d'organisation.

Fort heureusement, chaque section désigna immédiatement son rapporteur spécial, qui partagea le travail avec le vice-président et les quelques collègues qui les aidaient.

Ces rapporteurs spéciaux et si dévoués, que nous retrouverons, furent :

1re Section. — *Architecture*.......... M. Paul Milliet;
2e Section. — *Electricité*............ M. Saint-Paul;
3e Section. — *Mise en scène*......... M. Stany Oppenheim;
4e Section. — *Questions générales*... M. Gabriel Lefeuve.

Il est inutile d'entrer dans le détail du travail particulier des rapporteurs qui consista : 1° à provoquer des mémoires de la part des congressistes, à les classer, à les étudier, à les résumer ; 2° à approfondir et élucider toutes les questions posées ; 3° à mettre à jour les solutions de ces questions ; 4° à dégager des communications les vœux acceptables.

La Commission d'organisation tint, pendant les mois de juin et de juillet, sous la présidence de M. Aderer, plusieurs séances au cours desquelles elle adopta un règlement, reçut les communications des rapporteurs spéciaux et du secrétaire général, et s'efforça en un mot de mener à bien l'entreprise commencée.

CONGRÈS DE L'ART THÉATRAL

Séance d'ouverture (27 *juillet* 1900).

La séance d'ouverture du Congrès international de l'art théâtral, eut lieu le 27 juillet 1900, sous la présidence d'honneur de M. Jules Claretie, président d'honneur.

Le ministre de l'Instruction publique et des Beaux-Arts, M. Georges Leygues, et le directeur des Beaux-Arts, M. Henry Roujon, s'étaient fait représenter par M. Adrien Bernheim, inspecteur des Beaux-Arts, commissaire du gouvernement auprès des théâtres subventionnés.

Plusieurs délégués avaient été désignés par les nations étrangères : MM. Amalio Fernandez (Espagne), Milward Adams, Manager (Etats-Unis), Désiré Tiszai, Jean Komjathy (Hongrie, Miguel de Quevedo, Ramon Fernandez, Amado Hervo (Mexique), George Itérian (Roumanie).

Allocution de M. Adolphe Aderer.

Le président de la commission d'organisation, M. Adolphe Aderer, prononça le discours suivant :

Mesdames, Messieurs,

Mon premier devoir, je veux dire mon premier plaisir, est d'unir dans les mêmes remerciements, au nom de la commission qui a organisé ce Congrès de l'art théâtral, M. Jules Claretie, l'écrivain éminent, que toute une vie consacrée à l'amour des lettres et du théâtre désignait pour embellir de sa présidence notre séance d'ouverture, et M. Adrien Bernheim, le littérateur distingué, qui, représentant ici M. le ministre et M. le directeur des beaux-arts, nous apporte le plus précieux des encouragements.

Notre gratitude ira ensuite aux personnes qui ont répondu à notre appel. Alors que les bois frais et les rivières ombragées vous sollicitent, vous n'avez pas un mince mérite à accepter une invitation qui vous demande de vous serrer dans des chambres closes pour parler de l'art et du théâtre, vous surtout, mesdames et messieurs, qui arrivez de nos provinces extrêmes ou de pays du monde très éloignés.

Lorsque nous sommes entre nous, les fils de France, nous avons l'habitude de nous accorder les uns aux autres beaucoup de défauts. Il faut que les étrangers viennent pour reconnaître et proclamer les qualités que nous avons aussi. Il en est une que, j'espère, on ne nous refusera jamais: la cordialité, la souriante amabilité de notre accueil. Et, parce qu'il nous plait qu'on se réunisse chez nous, pour causer avec nous et surtout pour nous écouter, est-ce à dire que nous ne soyons que de vagues cosmopolites, sans terre et sans foyer? Non. Notre ville est bien à nous. Elle reflète fidèlement nos sentiments, nos goûts et nos pensées. Mais nous ouvrons facilement ses portes, parce que nous avons cette conviction que respecter la patrie des autres, c'est encore une façon d'aimer sa patrie.

Vous connaissez, mesdames et messieurs, le programme limité de ce premier congrès.

Je ne vous apprendrai rien en vous disant que, le plus souvent, la construction et l'aménagement intérieur de nos théâtres laissent à désirer. On y manque d'air ; on y est mal assis ; on y a froid l'hiver et chaud l'été. Il s'y répand des odeurs malsaines et les microbes n'ont pas de domicile plus accueillant. Il faut changer cela. Il faut que les théâtres aient une hygiène comme les collèges et les hôpitaux. Aussi, nous demanderons d'abord aux architectes de faire un effort de volonté — car le talent ne leur manque pas — pour nous bâtir des théâtres plus vastes, plus aérés, plus sains, plus sûrs et qui sentent bon.

Pour ma part, je crois que, si nous voulons élever des théâtres bien « modernes », nous devons nous reporter encore à ceux que construisaient les anciens. Les théâtres des anciens — qui, à leur heure, ont été des modernes — n'étaient pas moins beaux que leurs temples. On comprend que ces merveilleux édifices donnaient l'essor à la pensée humaine, et vous savez qu'en retour il est difficile de mettre dans une petite boîte autre chose qu'un art petit! Aussi bien, les réunions d'Oberammergau et de Bussang ne vous apparaissent-elles pas comme un souvenir de ces solennités d'autrefois, où tout un peuple se réunissait pour entendre les œuvres, à la fois si nationales et si humaines, d'un Sophocle ou d'un Euripide?... Donnez-nous de l'air et de la place, messieurs les architectes; évoquez autour de nous des images gracieuses ou grandioses!... Si vous voulez de belles et grandes pièces de théâtre, faites-nous des théâtres beaux et grands.

Je connais l'objection. Les représentations dramatiques de l'antiquité avaient lieu dans le jour, en plein air, sous le ciel bleu et dans la claire lumière de la Méditerranée. Mais cette lumière, est-ce que nos électriciens, nouveaux Prométhées, ne l'ont pas dérobée au ciel? Je ne me lancerai pas dans les définitions hasardées; mais ne peut-on pas dire que la lumière électrique est comme la prolongation sur la terre de la lumière céleste? Que les électriciens la versent à flots dans nos nouvelles salles et nous aurons, le soir, des théâtres aussi brillants que l'étaient, le jour, les théâtres de l'antiquité.

Après les architectes et les électriciens, voici les décorateurs pour la mise en scène des œuvres. On s'imagine volontiers que ces mots de « mise en scène » signifient dépense, grosse dépense. « La belle merveille, dit notre Molière, que de faire bonne chère avec beaucoup d'argent; c'est une chose la plus aisée du monde et il n'y a si pauvre esprit qui n'en fît bien autant. Mais, pour agir en habile homme, il faut parler de faire bonne chère avec peu d'argent. » Il en est peut-être pour la mise en scène comme pour la bonne chère... Est-ce que nous voyons que les femmes les plus parées soient les plus aimées? Une petite Parisienne, avec un chapeau coquet sous lequel brillent deux yeux spirituels, avec un ruban joliment noué autour d'une taille bien prise, vous emmènera au bout du monde. Je sais d'avance le choix de notre troisième section entre l'idole à bijoux et la petite Parisienne.

Notre théâtre étant bien construit, bien éclairé, bien aménagé dans la salle et sur la scène, et toute question littéraire proprement dite étant écartée, il semble que la tâche des organisateurs de ce congrès était terminée. Nous ne l'avons pas cru. Nous nous sommes dit qu'après avoir édifié un théâtre nous devions penser à ceux qui l'habiteraient. Si je me suis permis d'insister pour la création d'une quatrième section, s'ouvrant aux discussions de quelques intérêts généraux ou privés — et le nombre de ses adhérents me donne raison — c'est qu'à mon sens, dans un temps de solidarité, de mutualité comme le nôtre, les travailleurs effacés et patients du théâtre ne doivent pas être oubliés, ni dans leur sort présent, ni pour leur sort à venir. On dit qu'ils sont utiles : je trouve qu'ils sont nécessaires. Ils concourent eux aussi, aux victoires dramatiques. Pour gagner des batailles, il est bon, à coup sûr, de posséder des chefs intelligents, alertes, respectés et respectables, mais il faut songer aussi à la soupe du petit soldat.

Tel est le théâtre, mesdames et messieurs, qui sortira de vos délibérations. Nous le livrerons aux congrès à venir, pour que les maîtres de l'art dramatique, aidés des princes de la critique, le fassent grandir et prospérer. Notre congrès est le premier dans son genre. Nous n'avons pas de passé; j'espère que nous aurons un avenir. Votre honneur sera d'avoir ouvert la route. Les colons ne pourraient pas partir, s'il n'y avait pas, pour leur indiquer le chemin, des explorateurs aventureux ou des missionnaires enthousiastes.

Ce qui nous a guidés et ce qui nous guidera, ce sont deux choses dont souriront les sceptiques, et qui, malgré les termes surannés qui les définissent, sont pourtant essentielles dans nos professions : la religion de l'art et le culte du beau. Le culte du beau, qui agrandit l'esprit, ignore les schismes et les hérésies. La religion de l'art, qui élève l'âme, ne connait ni les autodafés ni les persécutions. Nous pouvons en être, mesdames et messieurs, sans craindre ni les reproches ni le ridicule, les dévots et les fidèles. (*Applaudissements prolongés.*)

Discours de M. Adrien Bernheim.

M. Adrien Bernheim, inspecteur des Beaux-Arts, commissaire du gouvernement auprès des théâtres subventionnés, prit ensuite la parole dans les termes qu'on va lire:

C'est un grand honneur que m'a fait M. le ministre de l'Instruction publique et des Beaux-Arts en me chargeant de le représenter auprès de vous. Cet honneur devient une joie lorsque j'ai la double tâche de vous présenter vos deux présidents : M. Jules Claretie et M. Aderer.

Comment oublierais-je, messieurs, que M. Aderer est un de mes plus anciens camarades, que depuis vingt ans nous marchons côte à côte dans la vie et que, comme lui, je fus élevé à bonne école, puisque j'eus le bonheur d'avoir pour maître son père qui fut une des gloires de notre Université de France ?

Le fils vous a conté excellemment, aux applaudissements de tous, dans un langage clair, précis, spirituel, la genèse, la nature et le but de ce congrès.

L'empressement que vous avez mis à répondre à l'appel de votre président, est pour lui la plus précieuse des récompenses. Votre présence ici, messieurs, est la garantie même du succès de ce congrès.

Et comment dire à votre président, le gré que personnellement je lui sais d'avoir tenu à confier la présidence d'honneur à mon éminent ami, M. Jules Claretie?

Nul, plus que lui et mieux que lui, n'était qualifié pour représenter la France en une assemblée telle que la vôtre.

Il faut avoir eu le plaisir, comme je l'eus l'an dernier, de visiter vos grands théâtres de l'étranger, pour savoir que votre président d'honneur est pour vous une vieille connaissance.

Il n'est pas un théâtre où, lorsque je déclinai ma profession, on ne m'ait demandé : « Connaissez-vous M. Claretie ? » Comme ma réponse était affirmative, je vous laisse à penser si j'étais aimablement reçu !... Cette amitié était pour moi le meilleur des titres. Et voilà comme, grâce à votre président d'honneur, je fus reçu par vous avec une cordialité exceptionnelle. Qu'il me soit permis de vous exprimer ici, à vous et à lui, toute ma gratitude.

Votre président Aderer n'a pas oublié non plus que par deux fois, M. Claretie eut l'honneur de représenter la France à Lisbonne et à Stockholm, et qu'ici comme là, messieurs, il séduisit tous les congressistes par sa bonne grâce toute charmante et son érudition toute particulière.

Ce Parisien de Paris, documenté comme pas un, l'auteur de cette si jolie *Vie à Paris* qui serait pour vous, n'en doutez pas, le meilleur des guides en notre admirable Exposition ; ce Parisien de Paris, nous vous le prêtons volontiers, mais nous le revendiquons hautement !

Et laissez-moi, avant de finir, saluer en votre président d'honneur, notre Comédie Française. Je suis certain qu'il n'est pas un artiste de cette grande maison, depuis le plus illustre sociétaire jusqu'au plus modeste serviteur qui ne me remercie demain, d'avoir, aujourd'hui, devant cette assemblée d'élite, rendu pleine justice au chef respecté du premier de nos théâtres. (*Vifs applaudissements.*)

Discours de M. Jules Claretie.

Le président d'honneur, M. Jules Claretie, prenant ensuite la parole, prononce le discours suivant :

Il me semble qu'en me décernant l'honneur de la présidence de cette première séance du Congrès de l'art théâtral vous avez voulu donner un témoignage de sympathie à une grande institution qui fait de son mieux pour supporter et réparer le malheur qui l'a frappée. Je ne vous exprime pas seulement en mon nom personnel une gratitude très sincère et je vous remercie du fond du cœur au nom de la Comédie-Française.

Je vous félicite de n'avoir pas oublié dans la succession des congrès qui se tiennent en ce palais spécial le Congrès de l'art théâtral, qui méritait de prendre place au premier rang. L'actif et remarquable président effectif de notre congrès, le propagateur ardent de l'idée, vient de résumer excellemment vos aspirations et de marquer votre but. Vous voulez rechercher ce qu'on peut faire à la fois au point de vue pratique et au point de vue moral dans l'art et dans la vie du théâtre. Depuis le bâtiment où le public doit être l'hôte choyé et jusqu'aux usages mêmes de la jurisprudence théâtrale, jusqu'aux agences dramatiques, — vous voulez tout étudier, tout discuter, et s'il se peut, tout améliorer. Et vous avez raison.

Dans ses quatre sections, notre congrès embrasse tout et je suis certain que les rapports qui résumeront nos discussions et nos travaux seront comme les cahiers des doléances et des desiderata de tous ceux qui aiment cette forme exquise de la pensée humaine, le théâtre.

Le théâtre est fait d'action et il est fait de rêve. Le rêve, ce sont les poètes qui se chargent de l'apporter. Il y en aura toujours de par le monde, comme il y aura toujours des printemps. L'action, c'est-à-dire la réalité, c'est l'architecture, la construction des salles, la mise en scène, et pas une de ces questions n'est oubliée dans notre programme. Quand vous aurez terminé vos études nous les relirons, nous en tirerons le profit et les conséquences voulus et le public, les directeurs, les machinistes, les artistes, tout ce monde si intéressant qui vit en plein travail de la vie du rêve, y trouveront un enseignement et un profit.

Et si — l'expérience est une cruelle institutrice — vous avez travaillé à réduire encore la part laissée dans la bataille humaine à l'horrible imprévu — si vous avez assuré la moralité ou la sécurité d'un seul être, vous pourrez, messieurs, vous rendre cette justice — et déjà vous pouvez vous la rendre — que vous n'aurez pas perdu vos journées.

Et, après vous avoir remerciés de l'honneur que vous me faites, je vous félicite, de tout cœur, de la noble et utile idée que vous avez eue ! (*Applaudissements nombreux et répétés.*)

L'un des membres du Congrès, M. de Cassano, prit ensuite la parole pour dire que l'Italie était très honorée d'avoir été invitée au Congrès.

Le président, M. Adolphe Aderer, rend les comptes de la gestion de la Commission d'organisation. Il annonce que, sur les souscriptions recueillies et après les dépenses nécessaires qui avaient été faites, elle a décidé de publier un volume qui sera consacré tout entier aux travaux du Congrès. « Ce sera, dit-il, le premier cahier dont parlait tout à l'heure notre éminent président d'honneur ». (*Applaudissements.*) Le président adresse à M. Gariel, au nom de la Commission, tous ses remerciements pour les conseils qu'il lui a donnés et le concours qu'il lui a prêté.

Constitution du bureau.

Le président présente les exuses de MM. Bunel, vice-président de la 1re section, et Albert Lambert, vice-président de la 4e section, empêchés par la maladie.

M. Albert Darmont, congressiste, propose à l'assemblée, pour le bureau définitif du Congrès international de l'art théâtral de l'année 1900, les membres suivants :

Président.......................	M. Adolphe Aderer.
Vice-présidents français........	MM. Paul Milliet (1re section).
	Clémançon (2e section).
	Porel (3e section).
	Gabriel Lefeuve (4e section).
Vice-présidents étrangers.......	MM. Eisenmann (Allemagne).
	Schneider (Autriche).
	Ferruccio Foa (Italie).
	Schalk (Angleterre).
	Dr Séguel (Russie).
Secrétaire général.............	M. Raoul Charbonnel.
Trésorier	M. Félix Desgranges.
Trésorier-adjoint	M. Julien Pélissier.

L'assemblée, à l'unanimité, élit le bureau qui lui est proposé.

PREMIÈRE SECTION

Architecture théâtrale.

Vice-Président : M. Paul Milliet.

Le président donna la parole à M. Paul Milliet, vice-président et rapporteur de la 1re section (architecture), qui lut le rapport suivant :

Messieurs,

A la suite des travaux élaborés avec soin sous la présidence de M. Adolphe Aderer, dans la Commission d'organisation de votre Congrès, et continués avec fruit dans vos Comités d'études, j'ai l'honneur de présenter à votre libre discussion le présent rapport : il résume les questions que j'ai soumises à la compétence de personnalités spéciales.

La première section du Congrès de l'art théâtral avait pour but de traiter trois points principaux :

1° La construction des théâtres ;
2° La machinerie ;
3° L'incendie (sécurité).

Dans la séance du 10 juillet d'un des Comités d'études que j'ai réunis avec le concours de M. Gosset et de son fils, architectes ; de M. Eustache, architecte diplômé du Gouvernement ; de M. Gaillard fils, architecte ; de MM. Gabriel Lefeuve, Pierre Marcel et Horeau, membres de la Commission d'organisation du Congrès, et Martial Teneo, secrétaire, le chapitre 1er : *Construction des théâtres*, a été étudié point par point, et il fut convenu que MM. Gosset, Eustache et Gaillard enverraient des documents concernant la partie architecturale ;

que M. Pierre Marcel fournirait des éclaircissements sur la *Machinerie* (chapitre II) et que M. Horeau réunirait des mémoires sur l'ignifugeage qui rentre dans le chapitre III : Incendie (sécurité).

Ces messieurs ont bien voulu nous faire tenir des renseignements précieux qui forment un tout avec le présent rapport.

Avant d'entrer dans le détail des questions, je rappellerai la nomenclature des divisions que j'ai données à nos travaux :

CHAPITRE Ier

La construction des théâtres.

Forme de la salle. La meilleure forme à appliquer à la construction des salles de spectacle. Courbe audito-visuelle (ouvrage de M. Lachez). Les lois de l'acoustique. Les lois de l'optique. Les vestibules, les escaliers : leur forme. Les vomitoires du théâtre antique.

Da l'aménagement des étages. Les balcons et les loges. Disposition des places. Nécessité du plain-pied des loges avec les couloirs. La largeur des couloirs. De l'inutilité des avant-scènes. Inclinaison du plancher de l'orchestre. Nécessités imposées par le champ du rayon visuel. Courbes intérieures permettant aux spectateurs de voir la scène. Espacement des fauteuils et des stalles. Emplacement de l'orchestre des musiciens.

Aération de la salle. Chauffage. Modes divers. Inventions récentes. (Le Reichstag à Berlin et l'Opéra de Vienne.)

Du proscenium. Son utilité dans un théâtre moderne.

La scène : la largeur, la hauteur, la profondeur de la scène.

Des dégagements de la scène. Matériaux à employer : le fer, le bois, le ciment armé. De la disposition des gros murs. Les escaliers qu'ils peuvent renfermer. Installation des galeries-terrasses à tous les étages. Échelles de sauvetage. Nécessité de séparer la scène des loges des artistes. Réserve des décors.

D'un art décoratif applicable au théâtre. D'une ornementation et d'un luxe spéciaux aux salles de spectacle.

Comparaisons à établir entre nos théâtres et ceux de l'étranger, particulièrement ceux de l'Italie et de l'Amérique, au point de vue confort. De l'emploi de la mosaïque de verre pour la décoration. Disparition des tentures. De l'emploi des tentures. De l'emploi des peintures vernissées, du cuir, du nickel. Concilier l'espace avec l'élégance, l'hygiène avec la simplicité.

La première question d'une importance capitale était donc celle-ci : *La meilleure forme à donner à une salle de spectacle.*

L'honorable M. Gosset, auteur de la *Construction des théâtres* nous a fourni à ce sujet le document suivant :

« Les conditions d'une bonne salle ne sont pas les mêmes pour le spectacle en musique que pour celui joué et parlé.

« Les représentations de l'opéra et celles du drame et de la comédie, différant autant par les moyens d'action que par les effets cherchés, exigent une disposition différente de la salle où elles se produisent.

« Ainsi dans un théâtre lyrique, *l'acoustique* doit dominer la question *d'optique*.

« Le principal effet venant de la musique, il faut que la salle, par elle-même, soit favorable à l'émission, à l'expansion et à la réception des sons, dans toute leur pureté, sans déperditions ni résonnances fâcheuses.

« La musique réclame des salles profondes, renflées au milieu et rétrécies sur l'avant-scène; plus hautes que larges et aux parois perpendiculaires, terminées par des plafonds plats ou légèrement concaves.

« La courbe de la Scala de Milan donne entière satisfaction à ces exigences de la scène, même avec l'étranglement de l'avant-scène.

« La courbe de l'Opéra de Paris, grâce à l'élargissement de la scène, offre une amélioration sensible pour la vision.

« Au contraire, dans les salles consacrées au drame et à la comédie, avec les finesses de notre mise en scène, les spectateurs veulent *bien voir* l'action représentée et entendre les moindres délicatesses de la parole.

« Pour pouvoir suivre chacun des mouvements de la scène en avant ou entre les décors, il faut que toutes les places soient disposées de telle façon que les rayons visuels convergent librement au delà du proscenium, ce qui ne peut être obtenu qu'avec une scène un peu large.

« Les amphithéâtres antiques avec leur scène, toute en largeur, répondaient parfaitement à ce programme, surtout lorsqu'ils avaient la forme d'une demi-ellipse, coupée sur son grand axe. Grâce aux masques de bronze qui enflaient la voix, il y avait peu de mauvaises places.

« Mais aujourd'hui que nos spectacles se compliquent de détails qu'il faut voir, de nuances qui doivent être entendues, il y a nécessité de rapprocher le spectateur de l'acteur. C'est ainsi que la salle de l'ancien Théâtre-Lyrique, au boulevard du Temple, fut construite par l'architecte de Dreux en 1846, pour les drames historiques d'Alexandre Dumas, sur un plan en demi-ellipse, coupé suivant le grand axe.

« Dans les capitales où chaque théâtre est affecté à un genre particulier de spectacle, ces principes peuvent être adoptés à la lettre ; mais en province où les salles sont destinées à tous les genres de représentations, il est convenable de donner une courbe intermédiaire, celle dite circulaire parce qu'on peut y inscrire un cercle parfait. Elle est composée d'un demi-cercle raccordé avec le cadre par deux arcs dont le centre est sur la tangente au cercle, l'ouverture de la scène étant les trois quarts du diamètre.

« C'est la courbe de la plupart des théâtres français depuis le commencement du siècle ; avec les différences d'allongement ou de diminution, selon qu'il y a ou qu'il n'y a pas d'avant-scènes.

« Au Théâtre-Français il y a allongement, tandis qu'au Théâtre-Lyrique il y a rapprochement.

« Au point de vue de l'acoustique, cette courbe ne présente pas d'obstacles au développement des ondes sonores ; elle leur permet de s'étendre régulièrement.

« Quant à la vision, la courbe ne donne proportionnellement pas trop de places de côté, surtout si l'on supprime les colonnes saillantes aux avant-scènes, si on les remplace par des pilastres et si on évase en plan

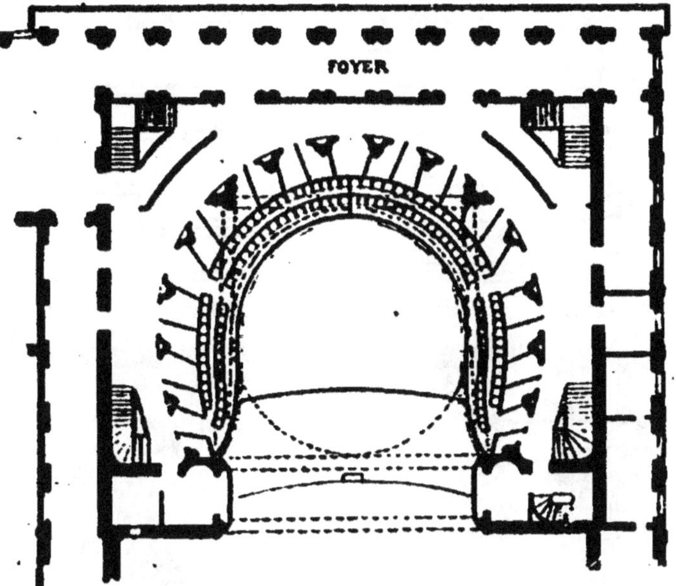

Théâtre-Français avant les modifications de 1862 et de 1900.

le motif formé par ces loges, de façon qu'il paraisse continuer la direction des deux arcs de cercles, comme nous l'avons fait à la salle de Reims. Enfin la courbe circulaire facilite le tracé de séparation des loges. »

Dans ce même ordre d'idées, je parlerai du plan dressé par M. Gaillard en 1898, à l'époque où je projetai, de concert avec M. Edouard Colonne, de faire construire une nouvelle salle de Théâtre-Lyrique, place Vendôme, sur l'emplacement de l'ancien Etat-Major de la place.

Ce plan est celui d'une salle ovoïde, calculée selon les lois de l'acoustique et répondant aux exigences de la mise en scène moderne.

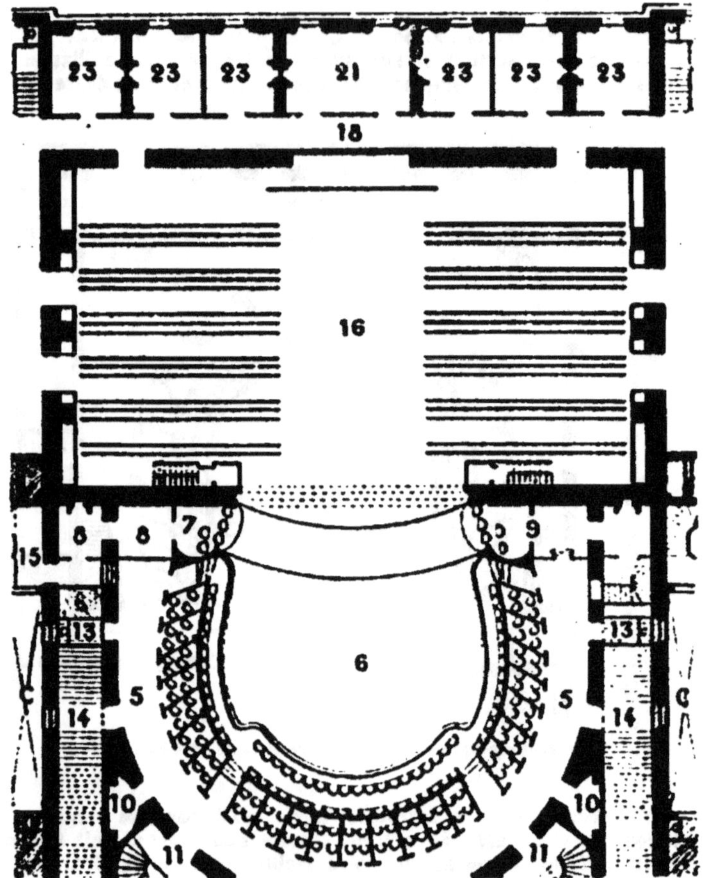

Théâtre de Reims.

La scène est spacieuse ; elle comprend une remise de décors, les loges d'artistes ont des escaliers particuliers ouverts sur une cour de service ; les couloirs d'isolement sont bien combinés, les vestibules sont vastes, capables de recueillir tous les spectateurs de la salle ;

les escaliers et les passages de secours assurent une sécurité complète. Dans son ensemble, on peut tenir ce plan pour remarquable.

J'ajouterai que M. Eustache, lorsqu'il a construit le théâtre du Casino d'Aix, a démontré que l'on pouvait, en s'écartant des données habituelles, obtenir une acoustique parfaite. Nous devons à cet habile architecte l'application simplifiée d'un plancher d'orchestre mobile qui permet de placer les musiciens à des profondeurs différentes, selon le besoin des ouvrages représentés.

Si nous passons à la question *acoustique*, nous ne saurions mieux faire que de citer encore M. Gosset :

Acoustique.

« La marche des ondes sonores qui sont *sphériques* et se développent comme les ondes formées sur l'eau par une pierre et celle des réflexions fait comprendre la difficulté de trouver pour les supports, les galeries, les entablements, des formes qui ne soient pas des écueils faisant rebrousser ces ondes comme dans l'eau.

« Dans la salle, les ondes sonores et sphériques, pour se développer et acquérir leur intensité, ont besoin d'un volume d'air suffisant et proportionné en hauteur, largeur et profondeur, afin qu'il n'y ait pas de répercussion. C'est l'architecte qui doit régler cette proportion à moins que le programme ne lui impose des conditions anormales, dans le but de loger beaucoup de monde dans des espaces restreints. Il doit éviter les coupoles trop concaves et unies (celles sphériques renvoient leurs sons à leur point de départ lorsqu'il avoisine le milieu); les plafonds à caissons saillants, qui multiplient les résonnances au risque de les brouiller et les parois à grandes surfaces lisses et répercutables (comme dans la salle du Trocadéro).

« Il doit éviter aussi les colonnes volumineuses et répétées : les grandes saillies de balcons, l'abus des cloisons minces et lisses en planches, les étouffoirs, qui résultent de la profondeur des avant-scènes, de la multiplicité des draperies, etc...

« Pour l'orchestre qui fait partie de l'appareil d'émission des sons, il faut éviter toute entrave au départ des ondes, c'est-à-dire les hautes barrières et ces excavations cylindriques sous le plancher que l'on appelait autrefois des fosses sonores.

« Enfin il faut, — surtout dans les théâtres de musique, — établir un proscenium, au risque de faire fléchir notre rigorisme réaliste en matière d'illusions scéniques, pour permettre aux chanteurs d'émettre leurs sons dans la salle.

« La marche des ondes sonores, explique les qualités acoustiques de certaines salles et les défauts de certaines autres. Dans les salles italiennes qui n'ont pas d'avant-scène ou qui en ont une très étroite, avec un proscenium très saillant, les ondes sonores prennent de suite leur développement, pénètrent librement dans toutes les loges et s'y éteignent naturellement.

« On peut ainsi résumer les recommandations aux architectes: donner à la salle une forme à la fois évasée sur le fond et resserrée vers la scène (comme celle de Bayreuth, construite par Richard Wagner); éviter les grosses colonnes et les hautes cloisons de division dans les galeries, éviter aussi le croisement des ondes à cause de leur répercussion sur les surfaces éloignées du lieu de l'émission; utiliser les ondes directes, renforcées simplement dans le lieu d'émission, préférer les surfaces répercutantes, c'est-à-dire solides, et non vibrantes comme les cloisons légères. Etablir les gradins des amphithéâtres sur une base solide, telle que voûtes en maçonnerie.

« Installer l'orchestre sur un sol ferme et l'entourer de parois résistantes et donner à la scène peu de hauteur, peu de profondeur et la rétrécir; remplacer les décors en toile par d'autres composés de parements plus résistants, n'absorbant pas les sons, mais les répercutant, c'est-à-dire revenir aux dispositions des scènes antiques.

« Sans doute, ces règles ne sont pas absolues, mais appliquées avec intelligence, elles donnent de bons résultats, en évitant des fautes souvent irrémédiables. »

Comme corollaire à ce qui vient d'être dit, je citerai l'opinion de M. Gustave Bret :

« La surface plane, dit-il, est le principe de toute bonne sonorité. C'est là un fait qui n'a pas été découvert par nos acousticiens modernes; on le connaissait dès l'antiquité. Nous en avons une preuve remarquable dans le théâtre d'Orange, dont la sonorité si justement célèbre, provient, à coup sûr, de l'énorme mur qui surplombe la scène et qui renvoie le son également sur tous les points de l'amphithéâtre. Peut-on attribuer au hasard ce fait que toutes les salles qui, au Moyen-Age et au commencement de la Renaissance, servaient aux conseils des Républiques italiennes et, en général, aux réunions où l'on devait porter la parole, étaient rectangulaires avec plafond plat? Est-il besoin de rappeler les admirables salles du Grand-Conseil et du Scrutin, au Palais des Doges, à Venise?

« Et les salles d'audience de nos palais de justice, n'ont-elles pas de tout temps reproduit la même disposition? Excellentes pour la voix, il est certain que le jour où l'on voudrait tenter l'expérience, l'on s'apercevrait qu'elles sont également bonnes pour la musique.

« L'étude de l'acoustique, négligée pendant des siècles, a été reprise depuis une cinquantaine d'années environ; et l'un des premiers qui s'y livra et qui l'approfondit fut le célèbre facteur d'orgues, Aristide Cavaillé-Coll. C'est à lui que s'adressa, vers 1873, la ville de Sheffield quand elle voulut édifier pour sa société de concerts symphoniques un local pouvant contenir quatre mille personnes et dont un grand orgue devait occuper le fond. Les plans furent dressés par lui seul et exécutés à la lettre. Et la salle ainsi élevée, où Cavaillé-Coll sut concilier le principe de la forme rectangulaire avec la nécessité d'y placer un nombreux auditoire, se trouva être d'une sonorité merveilleuse.

« Sur ce modèle fut construite, peu de temps après, la salle de concerts du Conservatoire de Bruxelles. Depuis, l'on vit sur tous les points de l'Europe s'élever des salles de ce genre : à Moscou, la salle de la Noblesse, où se donnent les concerts symphoniques, et tout récemment la nouvelle salle du Conservatoire, à Leipzig ; le Gewandhaus, à Berlin ; la salle de la Philharmonique, à Pétersbourg ; à Francfort, à Elberfeld, à Barmen et jusqu'à Sydney, en Australie, les salles de diverses sociétés musicales ; à Genève, le Victoria-Hall ; à Rome, la salle de l'Académie de Sainte-Cécile ; à Venise, celle du palais Pisani.

« Ces édifices sont, en définitive, de grands rectangles, avec un balcon appuyé sur trois de leurs côtés. Le résultat, pour tous, a été le même, et concluant. Quand se décidera-t-on en France à suivre ces exemples ? On a à peine commencé, et l'on ne peut citer à Paris qu'une salle, celle que la comtesse de Béarn fit construire l'an dernier dans son hôtel, qui soit élevée d'après les théories de Cavaillé-Coll.

« C'est un carré de vingt mètres de côté sur douze mètres de haut, fort joliment ornementé par Mme Ruth Mercier, et dont la sonorité émerveillera toutes les personnes qui seront conviées à l'apprécier. Le nom de l'architecte, M. Gerhardt, mérite d'être retenu ; car ils ne sont pas nombreux dans sa profession ceux qui entendent quelque chose aux lois de l'acoustique. »

En ce qui regarde les escaliers, les vestibules, les couloirs et les vestiaires, les remarques suivantes de M. Gosset sont éminemment instructives :

Couloirs concentriques.

« Destinés à contenir tous les spectateurs de l'étage, plus les espaces nécessaires au développement des portes, aux allées et venues, aux dégagements devant les vestiaires, leur largeur doit être calculée de 0m60 à 0m65 de largeur par personne de front pour les rencontres de ceux qui y circulent dans les entr'actes, sans excès.

« Trop larges, ils donnent de la tristesse, on y est perdu ; trop étroits, ils sont gênants et nuisibles pour l'évacuation.

Vestiaires.

« Pour la commodité du public, leur place naturelle paraît être à chaque étage, de chaque côté, et se présentant en façade, non en profondeur.

« Les théâtres allemands sont remarquables par le nombre et l'ampleur de leurs vestiaires, ils y occupent, au rez-de-chaussée, une place considérable. Mais étant en bas, près des entrées, ils retardent la sortie en obligeant tous les spectateurs, d'où qu'ils viennent, à y affluer.

Escaliers.

« Leur fonction étant des plus importantes dans le service des salles de spectacle, leur emplacement, leur disposition et leur construction nécessitent une étude spéciale, d'après le terrain.

« Les principes généraux peuvent être ainsi résumés :

« Construction incombustible ; largeur proportionnée au nombre des spectateurs, afin qu'en cas de presse ils y trouvent tous un passage minimum de 0m50 par chaque personne, d'où des largeurs de 1m50, 2m00, 2m50 et 3m00 ; marches droites (les marches rayonnantes à moins d'être sur un grand rayon, ne permettent pas à la foule de suivre un mouvement uniforme, d'où *casse-cou*, dans les presses) ; rampes droites, par volées de douze à quinze marches au maximum, entre paliers suffisants.

« Comme position, ils ont pour but d'être à la fois, l'accès aussi direct que possible du spectateur, de l'entrée à sa place, et la sortie de celle-ci à la voie publique.

« Quelle que soit la différence primordiale entre les théâtres diurnes en plein air et nos salles de spectacle de nuit si emprisonnées, nous estimons que leur principe est applicable à celles-ci comme nous l'avons prouvé dans notre opuscule sur « *La sécurité dans les théâtres par les escaliers* » paru chez Baudry en 1898. »

La distribution des places est d'un intérêt de premier ordre. Sur ce point, M. Gosset est d'accord avec beaucoup de ses confrères :

« Le plancher de l'orchestre, en contre-bas de 1m20 du proscenium, quoique de niveau pour les instrumentistes, est la base de la courbe montante du plancher, aussi en résulte-t-il un ressaut à la séparation.

« Comme les premiers spectateurs regardent au-dessus d'eux, la montée du plancher et des sièges doit être d'abord faible afin que les spectateurs des rangs extrêmes ne voient pas trop de face ; puis elle doit se relever en s'allongeant suivant une courbe que M. Lachez (*Traité d'acoustique*) appelle *audito-visuelle*. Elle est calculée pour que chacun puisse apercevoir la scène au-dessus de son voisin, (de 0m50 à 0m80 au fur et à mesure que l'on monte), en prenant toutefois cette précaution que les rangées de sièges concentriques soient réparties de telle sorte que chaque tête se trouve en face de l'intervalle qui sépare les deux têtes placées devant elle.

« L'écartement des rangées de fauteuils et de stalles se calcule d'après la longueur de la ligne du dos à l'extrémité des genoux, plus un espace libre indispensable pour le passage des voisins ; il varie suivant la part de confort alloué à chaque spectateur, aux fauteuils de 0m80 à 1 mètre de dossier à dossier avec une largeur de siège de 0m55 à 0m65 ; au parterre de 0m60 à 0m70 sur 0m50. Ces écartements réglés, il reste à assurer la circulation : les passages établis dans ce but ne peuvent être très larges, sous peine de tracer des bandes noires qui donnent de la tristesse à la salle. Dans les théâtres étrangers où la « platea » est occupée par une seule catégorie de places, les entrées ont lieu par trois portes et l'accès aux places par trois passages, une allée au milieu et deux au pourtour devant les baignoires qui divisent les rangées en deux secteurs. Dans quelques-uns, pour ne pas perdre les places du milieu qui sont les meilleures, on a préféré faire des allées plus étroites et en avoir *deux* pour une, ce qui fait *trois secteurs*, disposition qui est effectivement préférable et qui tend à être adoptée.

« Mais avec nos subdivisions en fauteuils et en stalles séparées par une barrière, les allées ne sont plus possibles. Il faut se contenter des passages de 0m55 à 0m60 devant les baignoires ; il faut élargir l'espace entre les rangées de sièges et les placer, autant que possible, au milieu de chaque division.

« L'usage des fauteuils à relèvement automatique facilite beaucoup la circulation et permet de diminuer la largeur des passages.

« Le plancher des loges et baignoires, de niveau avec le couloir doit être élevé au-dessus de celui de la platea de telle sorte, qu'au sommet l'appui arrive au niveau des têtes des spectateurs du parterre assis ; aussi comme cette différence est trop difficile à obtenir au sommet des longs amphithéâtres, on préfère les supprimer et utiliser le dessous pour y prolonger les stalles-banquettes.

« Dans certains théâtres parisiens, notamment au Châtelet, ces enfoncements sont par trop excessifs.

« A chaque étage, le bien-être du spectateur dépend de trois conditions ; 1° de l'espace qui lui est attribué ; 2° de son siège ; et 3° de l'angle visuel avec la scène.

« Pour la première, il faut que la surface soit suffisante pour se mouvoir. Un homme assis sur une banquette occupe une surface moyenne d'un tiers de mètre soit 0m50 sur 0m65 à 0m70 ; les pieds peuvent en outre s'engager sous le siège de devant. Dans une loge, où l'on est plus emboîté, il faut compter 0m10 de plus en chaque sens, même pour les places de face et plus encore pour les places de côté, car la surface à leur attribuer dépend de l'inclinaison des séparations des loges avec les appuis et de leur direction vers la scène.

« La forme du siège est une question de budget ; les bons modèles ne manquent pas, seulement il faut y mettre le prix. Quant à l'angle visuel comme il dépend de la hauteur et de la distance de la scène et même dans les loges, des séparations — nous parlerons d'abord de celles-ci.

« Quoique les salles françaises, moins profondes que les salles italiennes, facilitent le tracé des séparations, celui-ci ne peut se faire suivant une règle fixe, aussi est-il une des difficultés de la construction d'une salle de spectacle, car il est impossible d'éviter les angles aigus dans lesquels on ne peut placer ni siège, ni jambes. Pour remédier à cet inconvénient : Bibiena a imaginé d'abord la gradination des loges, puis les cloisons pliées comme des paravents perpendiculaires à l'appui et obliques avec le mur, dans la partie la plus large, ce qui est naturel et plus commode.

« A Turin, Alfieri a tracé ces cloisons sur une ligne brisée en deux parties qui se raccordent avec les murs du pourtour par une perpendiculaire.

« Enfin Cavos, au grand théâtre de Moscou, a essayé des cloisons curvilignes ondulées en doucines qui, par leur souplesse, nous paraissent les plus propres à remplir leur double but ; ces cloisons sont parfaitement appropriables à la disposition française, mais elles sont d'une exécution difficile et coûteuse.

Projet de Théâtre populaire

Par M. Alph. GOSSET.

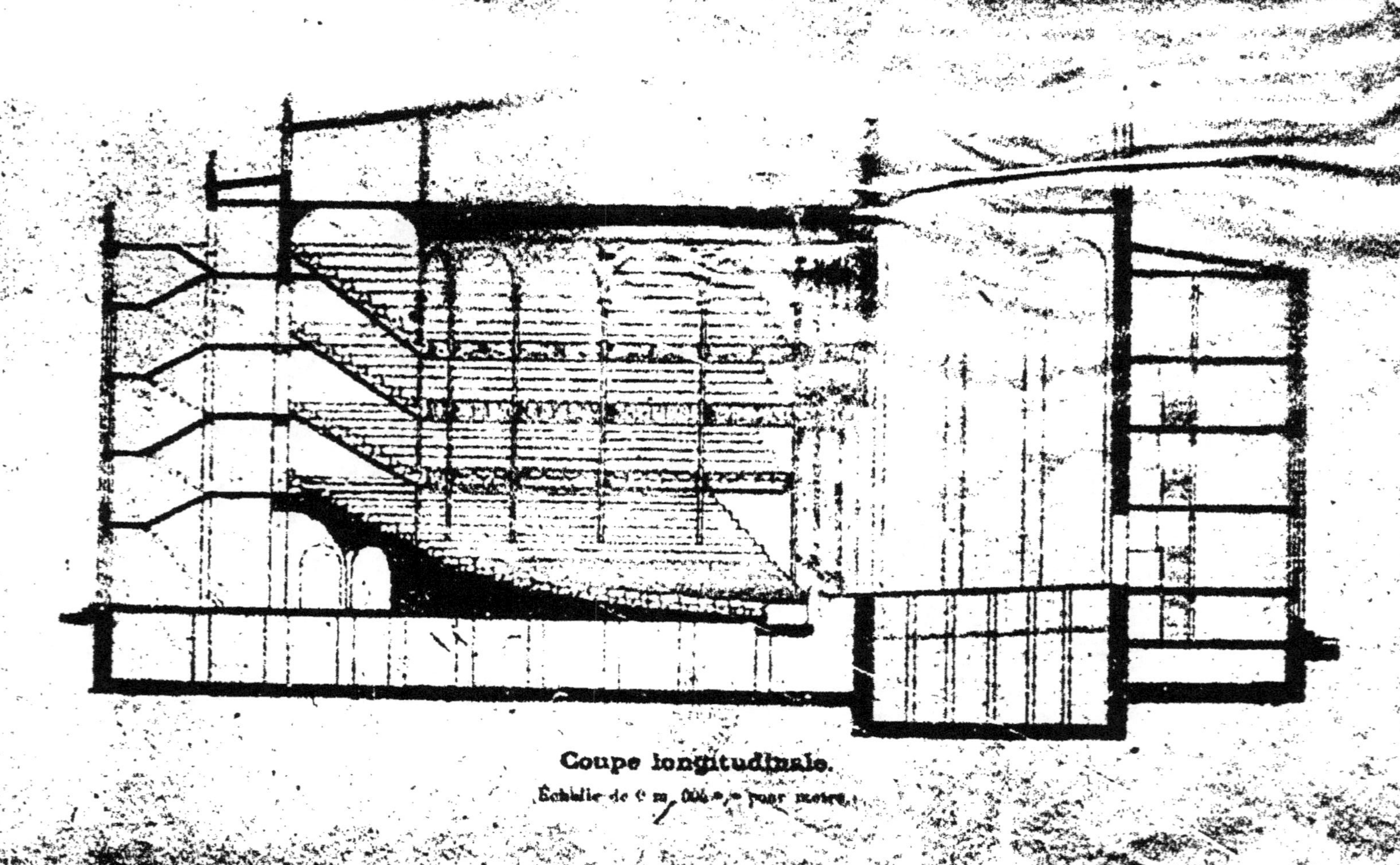

Coupe longitudinale.

Échelle de 0 m 004 pour mètre.

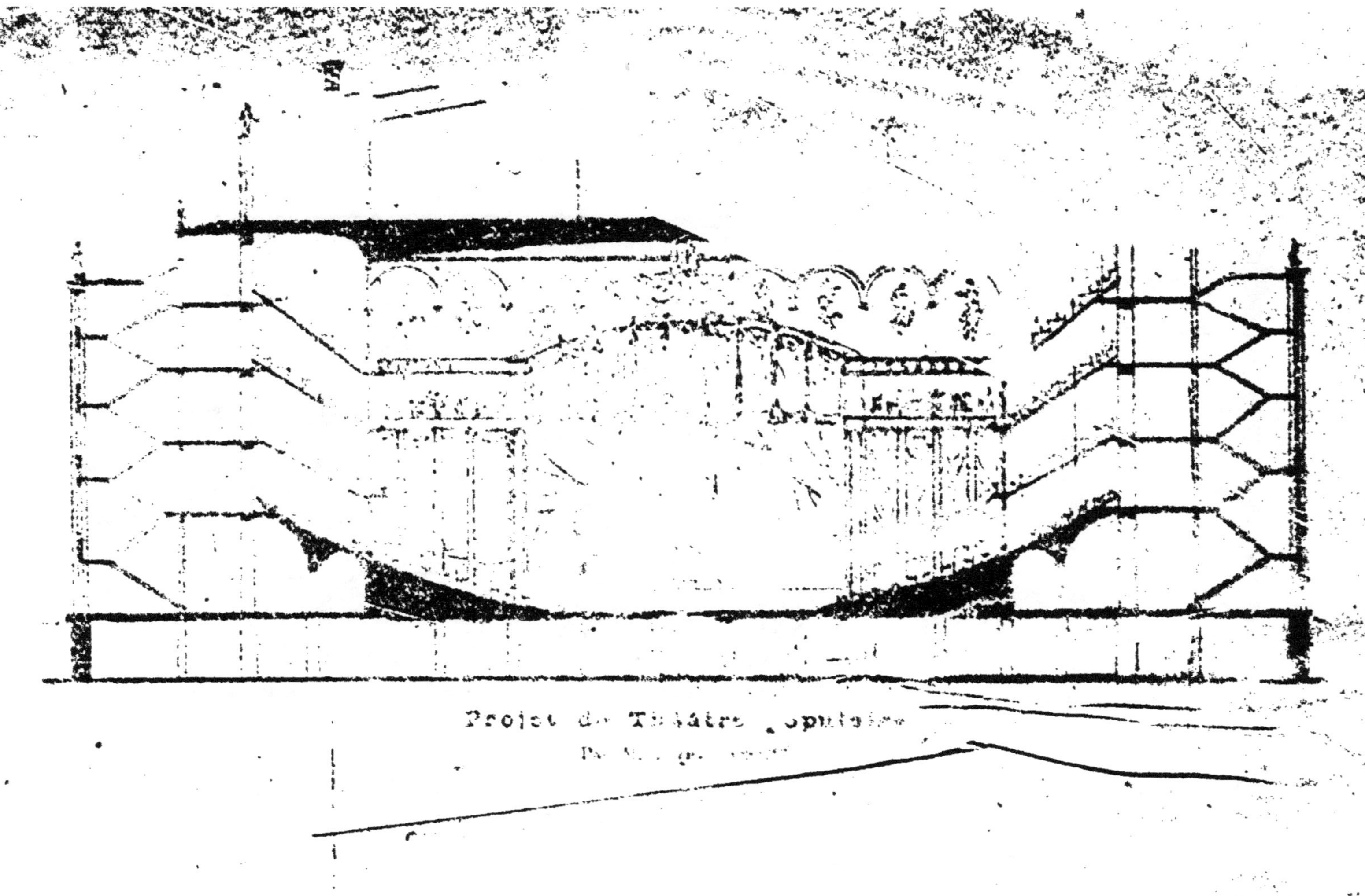

Projet de Théâtre populaire

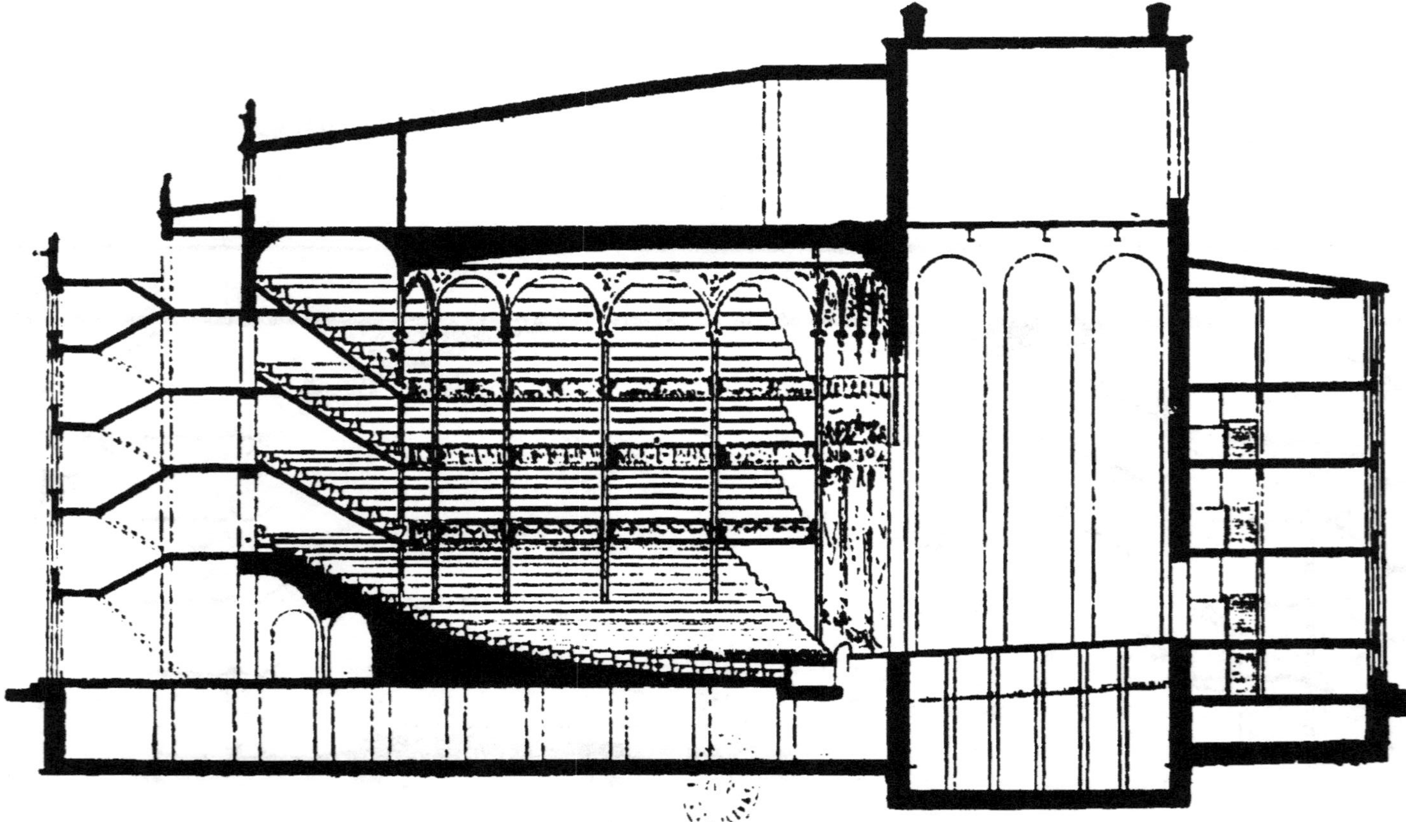

Coupe longitudinale.

(Échelle de 0 m. 005 m/m pour mètre.)

« Dans les salles françaises, aux étages dégagés, les cloisons échancrées en consoles qui permettent aux spectateurs du premier rang de voir au-dessus de la loge voisine facilitent ce tracé; la cloison n'a plus alors la même raison d'être dirigée tout à fait suivant le rayon visuel; c'est le placement des sièges mobiles qui est l'important. Il ne peut être essayé que sur place; aussi les formules données par quelques auteurs anciens ne sont-elles applicables que dans des cas spéciaux.

« L'angle visuel suivant lequel les spectateurs des loges, du premier et du deuxième voient la scène au-dessus du balcon et surtout au-dessus des têtes des spectateurs du premier rang varie dans chaque loge et à chaque étage. Il oblige à un relèvement progressif des sièges des places de côté au fur et à mesure qu'elles se rapprochent de la scène.

« Aux premières loges (généralement à trois rangs), les spectateurs des places de face voient tous, devant eux, en faisant chevaucher leurs sièges. Mais, sur les côtés, les spectateurs du deuxième rang ont déjà besoin d'avoir des sièges plus hauts. Ceux du troisième, des sièges à marche-pieds.

« Au deuxième étage, l'angle se relève progressivement du fond de la salle à l'avant-scène; aussi les cloisons de séparation des loges doivent-elles être plus basses et plus échancrées et les gradins des sièges du deuxième et du troisième rang doivent s'élever progressivement l'un au-dessus de l'autre. Pour que le spectateur voie bien, la différence peut atteindre jusqu'à deux marches.

« Au troisième étage, où l'angle est plus aigu, les gradins concentriques doivent remonter davantage, deux ou trois marches sur les côtés.

« Nous le répétons, ces gradins varient dans chaque salle, suivant ses dimensions et ils ne peuvent être calculés que sur place, par voie d'essais et non d'après une formule.

« Aux amphithéâtres des places supérieures, toujours dans l'axe, nulle difficulté ne s'opposant à la gradination, elle peut être aussi rapide que l'exige l'angle visuel. »

L'hygiène applicable aux salles de spectacle a été de tout temps un point fort controversé. L'aération et le chauffage ont donné lieu à beaucoup d'aperçus théoriques, mais la pratique ne s'est point basée toujours sur des éléments parfaits.

Les mesures d'hygiène dans une salle de spectacle (dit M. Gosset) consistent à fournir à ses locataires pour trois ou quatre heures de l'air qui ne soit pas irrespirable. Malheureusement, ces locataires de passage (les spectateurs) ont des besoins et des désirs difficiles à concilier, car, pour faciliter à tous la vue et l'audition de la scène et de l'orchestre, il faut les entasser les uns au-dessus des autres.

Or, comme par le fait de sa nature « l'homme vicie l'air dans lequel il vit », toute agglomération humaine dans un local fermé est une double cause de viciation, accélérée par la chaleur des lumières *indispensables*, ainsi que par les appareils de chauffage. On ne peut que diminuer ces inconvénients par : une construction aux parois lisses, peu ou non *poreuses*, et ne fournissant pas d'abris aux microbes produits par l'air vicié.

Déjà la substitution de la lumière électrique à celle du gaz a supprimé une grande cause de viciation de l'air. Le renouvellement de l'air pendant les représentations, au fur et à mesure de la consommation de l'oxygène, peut être assuré par un bon système de ventilation (tel celui des théâtres de Vienne et de Francfort, qui, bien conduit chaque soir par un mécanicien et un docteur, thermomètre en main, donne à ces salles, en été comme en hiver, une atmosphère respirable).

Mais le système exige une installation considérable par la dépense, par le volume, par la surface sous la salle ou en dehors du théâtre, comme à Francfort.

Quelques mots à présent sur la décoration d'un théâtre qui n'est point chose négligeable.

Le raffinement du goût et le besoin du luxe ont créé des obligations aux architectes. Selon M. Gosset, « les salles de spectacle étant des salles de réunion faites pour les personnes, l'échelle de proportion de la *décoration* doit être en rapport avec l'échelle humaine, pour *faire valoir* les spectateurs et surtout les spectatrices, les grandir et non les rapetisser, les faire briller et non les étouffer par les contrastes d'autres éclats trop vifs, comme les gros ornements, les luisants, les clinquants et autres surcharges.

« Cette mise en valeur, surtout des dames, n'est-elle pas une règle de politesse de premier ordre à observer par celui qui reçoit ?

« Que la décoration des salles de spectacle pour auditions musicales, drames ou comédies, soit demandée aux styles Louis XIV, Louis XV, Louis XVI, Empire, etc., ou enfin à l'*Art nouveau*, l'ornementation doit être à l'échelle humaine. Aussi, pas de gros caissons, pas de grosses figures peintes ou sculptées, pas de masques énormes, pas d'immenses cartouches, surtout sur les balcons où ils sont écrasants, pas de trop larges feuillages dont l'effet rapetisse tout, mais de la finesse, de l'élégance, de la distinction.

« Vouloir étonner les spectateurs au lieu de les faire valoir, les écraser par le contraste des surcharges et de gros effets, sous le prétexte de faire *riche*, devient comme un manque de convenance.

« De même pour la couleur. Elle doit soutenir les carnations, les toilettes et les faire briller tout autant dans une vaste salle que dans un salon.

« A cet égard, la décoration de la salle primitive de la Comédie-Française par le célèbre architecte Victor Louis, en 1787, telle qu'elle nous a été conservée par la gravure, était des mieux comprises. »

A ce propos je tiens à vous faire connaître une notice sur les *Palais de la Danse* qui nous a été fournie par M. Marcel Lemarié, architecte diplômé du gouvernement :

NOTICE SUR LES PALAIS DE LA DANSE

Messieurs,

« Nous avons tenu à vous entretenir des efforts que nous avons tentés pour créer une salle spéciale pour la Danse, une salle qui assure aux spectateurs la compréhension parfaite de ce spectacle qui parle surtout à notre âme par l'intermédiaire de nos yeux.

« Les problèmes à résoudre étaient les suivants :

« 1° Permettre aux spectateurs de voir parfaitement de toutes les places ;

« 2° Faire ressortir les danses par une décoration douce d'un intérêt et d'une tonalité progressifs ;

« 3° Obtenir une bonne acoustique ;

« 4° Assurer l'aération parfaite de la salle destinée à être ouverte au public pendant l'été ;

« 5° Avoir une évacuation rapide et facile, indispensable pour un théâtre d'Exposition.

. . . .

« Le premier point était capital. Si l'on assiste à une comédie, à un drame, voire à un opéra, l'esprit peut être satisfait sans que l'œil le soit. Pour la danse il n'en est pas ainsi et pour bien comprendre un ballet il faut le bien voir.

« Notre étude s'est d'abord portée sur la forme de la salle. Nous l'avons faite franchement rectangulaire. Cette forme nous a permis d'avoir un plan simple, une construction moins chère, de bons dégagements et d'obtenir la quantité maxima de fauteuils d'orchestre qui sont, vous le savez, d'excellentes places.

« Les trois faces de la salle sont divisées en trois travées : les premières travées latérales près du mur de scène sont fermées et contiennent un escalier de secours, d'où sécurité et pas de mauvaises places de côté. Car le rayon visuel du dernier spectateur embrasse encore la plus grande partie de la scène.

« Nous avions donc acquis un premier résultat pour les rayons visuels dans les plans verticaux ; il nous restait à étudier les plans de vision horizontaux, c'est-à-dire à calculer la pente de la salle.

« Cette pente étant généralement trop faible et les chapeaux des dames devenant de jour en jour plus hauts, nous avons pris le parti de disposer les fauteuils d'orchestre en amphithéâtre comme à Bayreuth.

« La proportion des gradins a été étudiée minutieusement, non pas en employant les calculs savants, mais par des essais faits sur place pendant la construction : 0m30 de hauteur sur 0m80 de profondeur, telle est la proportion trouvée. Elle est excellente et, bien que les sièges ne soient pas chevauchés, les spectateurs voient admirablement et la circulation est très facile.

« Nous ne parlerons pas du reste de l'aménagement de la salle et nous passerons au deuxième point : la décoration.

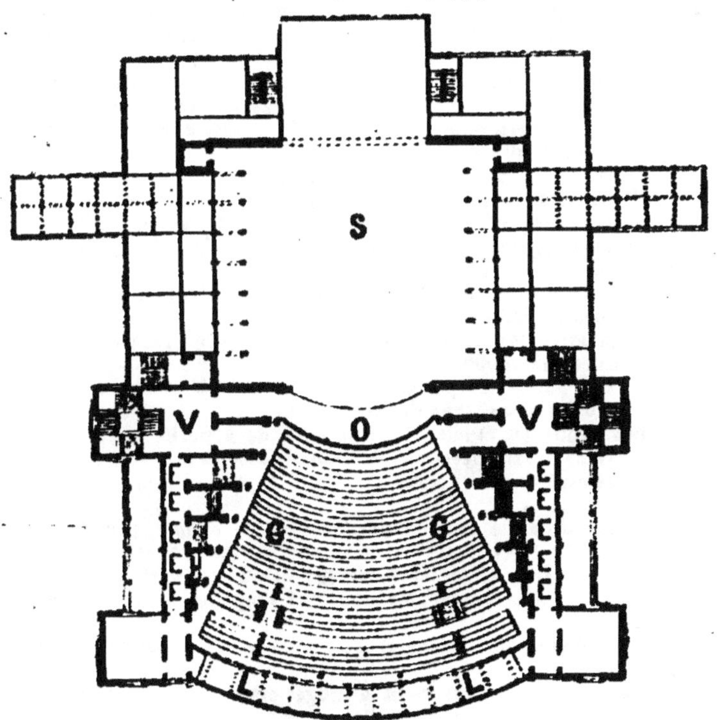

Théâtre de Bayreuth.

« Elle a été faite dans une tonalité douce, tout l'intérêt du coloris devant être concentré sur la scène. Dans un ballet, la gamme et le chatoiement des couleurs jouent un rôle prépondérant, et le regard serait choqué s'il était obligé de s'accrocher sur des points trop lumineux en dehors de ce qui doit attirer son attention.

« Pour arriver à la concentration du regard vers un endroit déterminé, il est utile qu'il y ait une progression de tonalité et d'intérêt dans la décoration.

« Les côtés de la salle doivent rester neutres et ne comporter que la décoration nécessaire à l'harmonie de l'ensemble. Autour du cadre de scène où l'attention doit s'éveiller, la peinture décorative doit être plus riche tout en restant sobre et elle admet des tons plus chauds.

« De cette façon, on obtient le maximum de satisfaction pour l'œil et le maximum de tension de l'esprit vers le spectacle.

« Ces principes ont été suivis au Palais de la Danse.

« Sur les faces latérales et dans le fond, les motifs décoratifs ne comportent que des feuillages et des fleurs. Les côtés du cadre de scène où doit se porter la vue sont d'un intérêt plus grand, d'un coloris plus relevé et la composition comprend des figures traitées cependant dans une gamme éteinte.

« Au-dessus du cadre de scène, la décoration redevient plus sobre et plus insignifiante pour ne pas attirer les regards des spectateurs.

« Le public a paru goûter cet ensemble et son approbation nous a encouragés à vous faire part des principes qui en avaient guidé l'exécution.

. . . .

« Nous parlerons peu de l'acoustique. Grâce à la forme de la salle rectangle moins profond que large), grâce aussi aux matériaux qui ont servi à la construire (bois et plâtre), nous avons obtenu facilement un bon résultat.

« Nous croyons toutefois devoir attirer votre attention sur la façon dont a été construit l'orchestre.

« Il comporte une cuve sonore formée par deux planchers superposés avec un intervalle de 0m30 environ.

« Sous la partie occupée par les instruments à cordes, on a placé une couche de 0m30 d'épaisseur de verre cassé.

« Nous avons pu étudier la différence de sonorité avec et sans cuve sonore, avec et sans verre cassé. Dans le second cas, elle était bien plus parfaite et plus douce.

. . . .

« L'aération a été obtenue par un procédé simple, par des baies qui existent sur les trois façades et qui toutes peuvent s'ouvrir.

« Elles devaient même s'ouvrir sur des balcons faisant le tour de la construction, mais les arbres nous ont empêché de mettre ce projet à exécution.

« En cas d'incendie, l'asphyxie est le plus immédiat des dangers ; on peut ainsi l'éviter.

« Des rideaux soigneusement ignifugés empêchent suffisamment le jour et le bruit de pénétrer dans la salle.

. . . .

« Il nous reste à parler de l'évacuation. Pour l'avoir plus rapide, nous avons rendu indépendants l'orchestre et les étages.

« L'orchestre est desservi par trois circulations, deux latérales et une centrale, et deux portes qui sont au niveau et dans le même plan que l'orchestre.

« Les étages sont desservis par deux grands escaliers et deux escaliers de secours.

« Les spectateurs de l'orchestre peuvent aussi, en cas de besoin, utiliser les grands escaliers.

« La sortie se fait très rapidement.

. . . .

« Cette rapide étude permet d'énoncer les propositions suivantes :

« 1° La salle rectangulaire peut être adoptée pour les salles de spectacl . Elle donne un plan simple et des dégagements faciles et rapides;

« 2° La disposition en gradins permet de résoudre le problème, qui se pose de plus en plus, d'assurer aux spectateurs la vue de la scène;

« 3° Pour un théâtre de danse, la décoration peut être étudiée de façon à concourir avec la scène à un effet d'ensemble;

« 4° Pour l'orchestre la cuve sonore est utile;

« 5° Les grandes baies aérant directement la salle sont une sécurité au point de vue de l'incendie tout en permettant les représentations du jour. »

Avant d'établir des comparaisons entre nos théâtres et ceux de l'étranger au point de vue du confort, je vous demande la permission de vous soumettre les proportions de quelques-uns des principaux théâtres de l'Europe. Ce tableau vous fera jugesdes divergences d'opinions dans l'application des théories architecturales.

Les mesures de l'Opéra de Charles Garnier sont :

Largeur de la salle aux appuis des premières loges........	20-50
— du fond des premières loges au fond des mêmes loges..	25 60
Largeur du fond des salons au fond des salons...........	30 85
Profondeur de la salle, du devant des loges au manteau d'arlequin...	25 625
Profondeur du fond des loges au manteau d'arlequin.......	28 35
— du fond des salons au manteau..................	31 075
Hauteur moyenne de la coupole au-dessus de l'orchestre...	20 »
Largeur du cadre d'avant-scène..........................	15 60
Hauteur —	15 10
Largeur de la scène prise aux murs latéraux............ ..	52 90
Largeur des dessous....................................	31 20
Profondeur de la scène.................................	27 »
— avec le couloir....................	33 70
— avec le foyer de la danse....	47 76
Hauteur moyenne des dessous............................	14 80
— du plancher au faîte du comble................	47 »
— totale..	59 20

Il est bien certain qu'en élevant sur de telles données son théâtre M. Charles Garnier pensait réaliser quelque chose de presque parfait. Or, l'acoustique est déplorable dans les bas plans de l'Opéra et elle n'est bonne que dans les étages supérieurs.

Passons à la Scala de Milan qui contient 3.000 places :

La largeur d'ouverture de scène est de	$16^{m}36$
— de la salle de	24 83
La profondeur de la salle	22 »
La distance entre les rangs des fauteuils	0 93
La largeur des places (fauteuils)	0 [illegible]0

L'acoustique de ce théâtre est bonne, mais, de l'avis des chanteurs les mieux doués, la voix doit s'y dépenser parfois jusqu'à l'effort.

Le Théâtre-Lyrique de Milan peut être cité comme un modèle, puisque la courbe audito-visuelle bien calculée y donne des résultats excellents. Voici ses proportions principales :

Ouverture de la scène	$11^{m}30$
Largeur de la salle entre les loges	22 50
Profondeur de la salle du rideau aux loges	14 50
Largeur de la scène	20 »

Le Théâtre-Royal de Turin, d'une contenance de 2.000 places a $13^{m}20$ de largeur à l'avant-scène ; $16^{m}60$ de largeur de la salle ; $24^{m}20$ de profondeur de la salle ; $1^{m}10$ d'espace entre les fauteuils, $0^{m}60$ de largeur de places. Bien que les proportions de ce théâtre ovoïde soient normales, la sonorité de la salle est des plus médiocres, tandis que l'acoustique du San-Carlo (salle ovoïde aussi) est une des plus parfaites que l'on connaisse.

Le Théâtre de la Fenice, à Venise, contient 2.000 places. Il a 14 mètres d'ouverture de scène, une largeur de salle de 16 mètres, une profondeur égale (16^{m}) et les fauteuils ont $0^{m}51$ de largeur.

La Monnaie de Bruxelles qui contient 1.419 places et dont l'acoustique est presque parfaite a les mesures suivantes :

Hauteur du cadre de la scène	13^{m} »
Ouverture de la scène	11 50
Largeur de scène mur à mur	22 10
Profondeur de la scène	19 60
— de la salle de la rampe au fond des loges de face	22 »
Largeur de la salle du fond des loges	18 50

Le Théâtre-Royal de Munich, dont l'acoustique est irréprochable, peut contenir 2.300 places. Il a 14 mètres d'ouverture de scène, 19 mètres de largeur et 22 mètres de profondeur de salle ; les fauteuils ont $0^{m}515$ de largeur.

A Prague, le Théâtre-National a 10 mètres d'ouverture de scène, 12 mètres de largeur de salle, et 14 mètres de profondeur du rideau aux loges ; ses fauteuils mesurent 59 centimètres de largeur.

Le Nouvel-Opéra de Vienne a une scène dont l'ouverture est de 13m93. La salle, large de 19m16 est profonde de 69m26 y compris la scène très vaste et fort joliment aménagée. Les fauteuils ont 0m64. L'acoustique est très bonne et le son est distribué très également aux 2.400 places du théâtre.

L'Opéra-Royal de Berlin qui n'a que 1.736 places et dont l'orchestre peut contenir 100 musiciens a une ouverture de scène de 13m34; la largeur de la salle prise au-devant des loges est de 16m70, la profondeur prise du mur de la scène au-devant des loges est de 23m225. Les fauteuils d'orchestre sont à ressort; ils ont 542 millimètres de large, et ils sont espacés de 679 millimètres.

Le Théâtre-Royal de Hanovre offre une particularité curieuse qui dément les théories de beaucoup d'architectes. L'acoustique en est très bonne, bien que, selon la méthode du Dr Bladny, elle soit produite par de forts ressauts et par la décoration bien reliefée des balcons des loges. Ses mesures sont les suivantes :

Ouverture de la scène	13m15
Largeur de la salle entre les loges	13 25
Profondeur de la salle	14 »
Espacement des fauteuils	872mm
Largeur —	537mm

Le Théâtre de la Ville de Hambourg, très ovoïde, a 12m90 d'ouverture de rideau; 16m80 de largeur de salle, 33m60 de profondeur entre le rideau et les loges du fond; ses fauteuils ont 0m56 de largeur et le nombre des places est de 1.680.

A Francfort, le Théâtre de la Ville ne contient que 1.210 places. La salle, entre les loges a 13m50 de largeur; la profondeur de la salle du fond des loges au mur de la scène est de 31 mètres; l'espacement des fauteuils est de 0m60 et les fauteuils ont 0m50 de largeur.

La salle du Théâtre de Mayence a la forme d'un hémicycle allongé. Son acoustique est une des meilleures de l'Allemagne, en dépit des mesures suivantes :

Ouverture de la scène	11m »
Largeur de la salle	15 »
Profondeur —	22 50
La distance entre les rangs de fauteuils	0 75
La largeur des fauteuils	0 50

Elle contient 1.675 places.

Si nous passons en Russie, nous constatons qu'au Grand-Théâtre de Moscou la largeur de la scène, au rideau, est de 20 mètres; la largeur de la salle, à l'appui des loges, de 22 mètres; la profondeur, du devant des loges au fond de la scène, de 65m50; l'espacement des fauteuils de 1 mètre, et leur largeur de 0m53. L'impression, quand on entre dans cette salle, est celle du grandiose.

Le Grand-Théâtre de Saint-Pétersbourg qui contient 1.773 places possède une même ordonnance de fauteuils que le précédent et ses dimensions sont :

Largeur au rideau	16m »
Largeur de la salle	17 »
Profondeur totale	58 50

A Varsovie, le Grand-Théâtre contient 1.118 spectateurs. L'ouverture de la scène a 10m95; la largeur de la salle est de 12m20; sa profondeur, entre le rideau et les loges, de 12m96 et la largeur des fauteuils de 0m48.

A cette nomenclature déjà longue, il me parait utile d'ajouter encore :

Le Covent-Garden de Londres (2.700 places environ) qui a 15 mètres d'ouverture de scène; 18m90 de largeur de salle; 49m50 de profondeur des loges du fond au mur de scène; 0m925 de distance entre les fauteuils et 0m585 de largeur de places;

Le San Carlo de Lisbonne (2.000 places) avec 13 mètres d'ouverture de scène, 16m46 de largeur de salle, 18m70 de profondeur;

Le Liceo de Barcelone, dont l'acoustique est irréprochable comme celle du San Carlo de Naples encore que la disposition de ces deux théâtres soit assez dissemblable.

Le Théâtre-Impérial de Constantinople (1.000 places) a les proportions suivantes :

Ouverture de la scène	9m37
Largeur de la salle au-devant des loges	13 80
Profondeur de la salle	27 06
Distance des fauteuils	0 81
Largeur des fauteuils	0 52

A Dublin, le Théâtre-Royal, d'une contenance de 2.490 places, a 10m50 d'ouverture de scène et la salle mesure 13m20 de large sur 17m40 de long.

Copenhague possède un Théâtre-Royal de 1.400 places avec 10m24 de largeur de scène au rideau, 12m91 de largeur de salle et 16m69 de profondeur; Stockholm a un Opéra de 1.068 places dont l'ouverture de scène est de 10m60; la largeur de la salle de 12m60 et la profondeur de 17m20.

Enfin, pour terminer ces comparaisons je note l'Académie de musique de New-York, dont l'ouverture de scène est de 14m45; l'Auditorium, qui a une largeur de 26m30 et une profondeur totale de 46 mètres; l'Académie de musique de Philadelphie (2.890 places), avec 13m50 d'ouverture de scène, 18 mètres de largeur de salle, 22m80 de profondeur; et le Théâtre California de San Francisco (1.600 places), dont la scène a 24 mètres de largeur totale sur 24 mètres de profondeur. La largeur de ce théâtre est de 24m60 et sa longueur totale de 49m20.

De ce qui précède et qui est le résultat de plusieurs longs voyages d'études de votre rapporteur, il semble ressortir qu'il n'existe point de règles absolues pour la construction des théâtres.

Reste donc à parler du confort des théâtres étrangers comparés aux nôtres. A ce propos, je citerai l'opinion de M. Octave Uzanne :

« Les théâtres parisiens, dit-il, sont actuellement les plus étroits, les plus inconfortables, les moins pratiquement installés, les plus défectueusement aérés du monde entier. — Ils font, chaque année, plus de victimes qu'on ne le suppose. Cinq pour cent au moins des pneumonies infectieuses sont déterminées par nos théâtres.

« En dehors de nos vieilles boutiques à vaudevilles ou à mélodrames, vénérables reliques de l'ancien *Boulevard du Crime* ou du *Boulevard des Petits Théâtres*, on a, depuis trente années, bâti à Paris quelques salles nouvelles et reconstruit celles que des flammes hygiéniques avaient, peut-être heureusement, consumées.

« Qu'a-t-on fait pour donner aux spectateurs des satisfactions qu'ils étaient en droit d'attendre de ceux qui leur vendent à prix d'or quelques heures de vision et d'audition scénique?

« Rien, moins que rien ; aucune amélioration, nulle initiative de confortable, d'aération, d'installation pratique, de simplicité, conformément aux prescriptions des apôtres de la théorie pasteurienne.

« A l'étranger, des progrès considérables ont été réalisés, dont nous ne semblons pas nous appliquer à reconnaître et à imiter les bienfaits.

« Les théâtres anglais sont, à de très nombreux points de vue, fort supérieurs aux nôtres; la place y est moins parcimonieusement ménagée, l'architecture distributive s'y fait voir plus ingénieuse et mieux appliquée à donner satisfaction aux goûts, aux désirs, au bien-être du public de toutes les classes. Les petites gens y jouissent d'un confortable relatif, encore ignoré dans notre pseudo-démocratie; le luxe y est moins criard, plus moelleux; les ouvreuses n'y tracassent personne et il semble que le chauffage et l'aération y soient infiniment mieux compris.

« Toutefois, les salles de spectacle vraiment modernes et modèles, celles qui satisfont scrupuleusement l'harmonie esthétique et toutes les nécessités de l'hygiène, sont les salles des théâtres américains. A New-York, à Chicago, dans la plupart des cités des Etats-Unis, nous avons pu admirer des types accomplis de halls théâtraux, des salles d'une ordonnance pleine d'eurythmie, d'un goût décoratif sobre et sain, d'une simplicité charmante et pratique, tirant toute une beauté particulière de la seule matière employée et non déguisée sous de vaines effigies de statuaire, sous d'inutiles tapisseries, sous des dorures et des peintures qui nuisent plus qu'elles n'ajoutent à la grâce des lignes qui doivent toujours séduire et dominer sans rehauts de plastique dans la majesté sereine d'une architecture de ce genre.

« J'ai vu de très élégantes salles où brique, pierre et fer demeuraient apparents, où les loges spacieuses, propres comme des vitrines de chirurgie moderne, étaient construites de métal nickelé, où les pourtours étaient de mosaïque de verre, les fauteuils de bronze pour le cadre et de cuir tressé pour le dos et le siège, tout cela lavé, poli, sans un atome de poussière, entretenu avec un soin minutieux. Comme tapis, partout de souples linoleums posés sur des thibaudes élastiques de caoutchouc; pas de plafonds peints, mais une voûte constellée d'ampoules électriques enrobées de prismes; aucune étoffe, aucun autre rideau que celui de la scène, une aération constante à température moyenne; des portes aux mouvements silencieux, un éclairage doux, laiteux, tamisé, et, se dégageant de cette ambiance, une sensation d'absolu confort, de saine respiration, de bien-être physique, de propreté voulue qui étaient loin de nuire à l'agrément de la performance. »

CHAPITRE II

La machinerie.

En voici les subdivisions :

La scène. Ses proportions. Études des dernières scènes construites en Europe (Budapest et Munich).

Le plancher et la convention. Plancher de la scène en compartiments; par plans, se levant, s'inclinant et supprimant ainsi les praticables. Fractionnement du plancher. (Projet exécuté en partie au théâtre de Covent-Garden de Londres.)

Plancher horizontal fixe. Plancher incliné. Division en plans. Les rues. Les costières.

Machinerie à moteurs (air, gaz, électricité) et machinerie à main.

La gravitation et les contrepoids. Les treuils.

Des progrès scéniques accomplis. De ceux qu'il faut accomplir. Scènes tournantes (Voir *Monde artiste*, nos 39 et 43 de 1896). Invention de M. Lautenschlæger, machiniste de l'Opéra de Munich. Diminution des entr'actes par les scènes tournantes.

De l'emploi du bois ou du métal dans la construction de la machinerie (tambours, etc.). Inconvénients et avantages. Études sur les cintres. Le gril et son solivage. Les ponts. Étude sur les dessous. Leur aménagement, leur profondeur. Divers systèmes d'éclairage. Les rampes, les herses, les portants, les traînées; les projections électriques.

Les plafonds et les frises. Peut-on faire disparaître les bandes d'air? Remplacement du manteau d'arlequin par la continuation du décor premier plan. Plantation des décors : carrée ou oblique. Différents modes préconisés.

De la vérité dans les accessoires. Ameublement scénique. Nécessité d'obtenir la rigidité des toiles de fond.

Les trucs au théâtre. Changements à vue : trappes anglaises, trappes en toile. Progrès à accomplir pour activer la plantation des décors. Décors en toile, en papier, en treillis.

L'art théâtral vivant d'illusions, il est nécessaire que la Machinerie progresse en raison des mille détails nouveaux apportés par les auteurs dans leurs ouvrages. Aussi ce chapitre a-t-il une grande importance. Malheureusement, il faut l'avouer, les avis se partagent énormément sur le point de savoir si tel système est préférable à tel autre. Cela tient surtout à ce que les vieilles habitudes de métier empêchent beaucoup de machinistes de tenter des applications radicalement progressistes. J'ajoute que certains architectes eux-mêmes se montrent peu disposés à faire entrer la Machinerie dans la voie des transformations nécessaires. C'est ainsi que l'un d'eux est opposé à l'emploi des moteurs à eau, à gaz, à air comprimé ou électriques, sous prétexte que ces moteurs peuvent cesser de fonctionner subitement. M. Pierre Marcel nous a fait remarquer justement qu'un moteur mécanique doit être accompagné toujours d'un moteur à main, en prévision d'un accident possible, auquel cas la manœuvre n'est point arrêtée définitivement.

Au point de vue général de la Machinerie, M. Gosset dit :

« Le matériel scénique comprend une construction fixe et une machinerie mobile.

« La première peut, dans ses pièces constitutives, remplacer le bois par le fer et la fonte qui, moins inflammables, tiennent surtout beaucoup moins de place dans les dessous au profit de l'hygiène (propreté) et de la facilité des manœuvres.

« Commencé dans la construction des dessous de l'Opéra de Paris, le système peut être étendu en tenant compte toutefois : de la facilité laissée aux machinistes de pouvoir clouer, fixer, nouer promptement leur matériel mobile, changeant avec chaque pièce, et de la sécurité à donner au personnel de la scène.

« C'est pour n'avoir pas suffisamment tenu compte de ces nécessités que les innovations tentées par la Ville de Paris, sous le second Empire, dans la construction des théâtres du Vaudeville et de la place du Châtelet ont échoué. (Le système ingénieux des crémaillères Regnard n'a pu fonctionner.)

« Les travaux de la grande Commission instituée sous l'Empire pour l'examen des perfectionnements à apporter à la Machinerie du nouvel Opéra, s'ils n'ont pas abouti, ont du moins provoqué l'enfantement d'un système de Machinerie rationnel, facile, puissant et adaptable à toutes les mises en scène, la Machinerie hydraulique de Quéruel, dans laquelle des pistons hydrauliques, mus par des robinets, font à volonté, instantanément, les exhaussements, les enlèvements, les abaissements et les escaliers sans praticables.

« Malheureusement pour son inventeur, pour la France, pour Paris, cette belle invention susceptible d'être féconde et d'assurer à notre pays la gloire et les profits du premier perfectionnement apporté à la vieille Machinerie, fut délaissée, puis ramassée à l'étranger et appliquée par la Société viennoise *Asphaleia*, qui, avec brevet, l'a montée d'abord à l'Opéra de Pest, puis dans plusieurs théâtres d'Allemagne et d'Amérique. »

Il est évident qu'on a accompli de grands progrès scéniques. On s'est appliqué à rendre aussi mobile que possible le plancher de la scène, et on est arrivé, en maintes occasions, à supprimer les praticables.

En 1896, M. Téodor de Wyzewa, à son retour de Munich, parlait en ces termes de la *scène tournante :*

« C'est une invention nouvelle du machiniste de l'Opéra de Munich, M. Lautenschlæger, qui, par un mécanisme des plus simples, permet de faire en quelques secondes les changements de décors. La scène tourne sur des roulettes, voilà tout; et à peine un décor a-t-il disparu vers la droite que de la gauche en arrive un tout préparé pour la suite de l'opération. Pour les opéras en deux actes, avec de nombreux changements de scène, dans le genre de *Don Juan* et de la *Flûte enchantée*, cette invention est d'un prix inestimable, car on sait que dans les pièces de ce genre, chaque acte, depuis la scène du début jusqu'au grand final, avait l'unité d'une sorte de symphonie. Couper ces actes en deux ou en trois, comme l'on faisait d'ordinaire, c'était les défigurer complètement; et, d'autre part, force était bien d'exécuter les changements indiqués. Avec la *scène tournante*, le décor change et l'acte continue. Invention vraiment pratique, puisqu'elle contribue, elle aussi, à rendre à *Don Juan* son caractère véritable. »

A quelque temps de là je publiai cette note dans *le Monde artiste*:

« Avec *Don Juan*, M. Possart a inauguré un nouveau système de décors, que nous avons d'ailleurs déjà signalé à nos lecteurs et qui pourrait bien, avant longtemps, provoquer une révolution complète dans la scénographie.

« Qu'on se figure tout le plancher de la scène, — à l'exception du proscenium demeurant stable — changé en un immense disque qui tourne sur une infinité de roulettes rapides et silencieuses. Sur ce disque sont fixés les décors de telle sorte que, selon le cas et le besoin, on peut en dresser deux, trois et même quatre. Les coulisses latérales n'existant plus, l'espace où se meuvent les artistes est considérablement agrandi et il est clos par des murs praticables.

« Veut-on pour quelque décor important disposer de toute la scène? On se sert du disque en entier, et il n'en reste pas moins, à droite et à gauche du proscenium, au fond des anciennes coulisses disparues, un espace suffisant pour au moins deux décors d'intérieurs, deux rues étroites, etc.

« Dans les ouvrages comme *Don Juan* où, pendant le même acte on change plusieurs fois le décor, il n'est plus nécessaire de baisser le rideau pour préparer la scène, ou bien pour emporter les meubles, les accessoires, etc., de faire venir sous les yeux du public des valets qui sont ridicules en dépit de leurs somptueuses livrées. Il suffit de plonger la salle dans l'obscurité pendant 15 ou 20 secondes; alors, au moyen d'un moteur électrique, on fait virer le grand disque comme une plaque tournante de gare et le décor se trouve changé sans bruit et surtout sans que l'impression produite par le drame soit détruite.

« Outre cet avantage immense, il en est un autre de grande importance. Grâce à la plantation et aux perspectives établies sur le disque, on modifie la monotonie du quadrilatère de l'ancien plancher de scène, et des décors irréguliers, tels que rues tortueuses, chambres obliques, etc., peuvent être installés. »

Je n'insisterai pas sur les modifications apportées ici et là dans l'inclinaison du plancher de la scène, dans l'ordonnance des vues, des costières, des treuils, toutes choses qui demandent à être expliquées par des gens de métier et qui varieront toujours selon l'exigence des ouvrages, mais j'appellerai votre attention sur les proportions à donner à la scène et qui furent arrêtées comme suit par le comité d'études que j'ai réuni :

Hauteur de la scène : deux fois le décor;
Largeur : deux fois le manteau d'Arlequin ;
Profondeur : une fois le décor.

En ce qui concerne les tambours on a essayé d'appliquer le métal. Mais on est vite revenu à l'usage du bois parce que les tambours en métal se manient difficilement et se rouillent très vite.

Pour les trappes, après avoir employé longtemps des lattes d'acier flexible, on préconise aujourd'hui les baleines. Enfin les mâts qui étaient autrefois à perroquets sont devenus à chantignoles. Mais ce sont là, je le répète, des détails qui nécessitent une étude spéciale appropriée à chaque théâtre.

Il est des vœux très importants à formuler, c'est que, dans toutes les occasions possibles, on fasse disparaître les bandes d'air, qu'on remplace le manteau d'arlequin par la continuation du décor premier plan, qu'on remplace l'horizon par un panorama et qu'on obtienne la fixité de la toile de fond dans les intérieurs.

En terminant ce chapitre, exprimons le désir de voir appliquer la vérité dans les accessoires. Je sais bien que les machinistes en général sont ennemis de ce système qui retarde leurs changements de décors, mais quand on aura trouvé le moyen d'employer les scènes tournantes ou un système similaire dans tous les théâtres, le respect de la vérité ne sera plus une entrave et il servira les œuvres qui peut-être ne vivront un jour que par l'exactitude de l'ameublement scénique et des accessoires.

J'arrive, messieurs, au troisième et dernier chapitre :

CHAPITRE III

Incendie. — Sécurité.

Subdivisions :

Aménagements des entrées, des sorties. Les couloirs. Les escaliers : leur nombre et leur forme. Nécessité de faire correspondre tous les escaliers aux différents étages. Les portes de secours.

Critique de l'ordonnance de police sur l'aménagement des théâtres. Le rideau de fer. Le grand secours. Les postes de pompiers. Les pompiers civils. Réservoirs d'eau. Emploi simultané des lampes électriques et à huile. Escaliers extérieurs venant du toit. Les engins de sauvetage, système d'échelles de sauvetage à emmagasiner.

Abandon des calorifères. Chauffage à l'air chaud, à la vapeur. Nécessité d'éloigner des dessous l'installation du chauffage.

Ignifugeage des décors, des bois de scène, de la corderie. Emploi de l'amiante. L'application des extincteurs (capitaine Cordier). Les grenades, les pompes portatives. Compositions chimiques pour l'aspersion des foyers d'incendie. De la canalisation électrique.

Incombustibilité des matériaux. Sénilisation du bois (procédé Nodon-Bretonneau).

Société du Silexore. De l'emploi des enduits ignifuges en remplacement de la peinture.

Commissions de surveillance. Suppression des imprudences dans le personnel. Les fumeurs. Les ouvriers. Avertisseurs.

De l'évacuation du public en cas de panique ou de danger réel. Sièges automatiques (Système représenté en France, par MM. Mousseau et Morlet. Discuter son application, ses avantages et ses inconvénients). Du matériel des théâtres : se priver de l'emploi des étoffes. Portes automatiques. Plans d'évacuation affichés dans les couloirs, les loges, les vestibules, les foyers, les loges d'artistes. Installation des loges d'artistes. Suppression des matières inflammables.

Disparition du lustre. Eclairage de la salle par des ampoules électriques. Portes de scène en fer. Remplacement des tapis par du linoleum ignifugé.

Cette question de l'incendie et de la sécurité préoccupe vivement et à juste raison les esprits. Peut-on éviter le retour de certaines catastrophes dont le souvenir veut que la prudence s'exagère en minutie?

Avant de parler technique architecturale sur cette matière, permettez-moi de vous lire l'intéressante étude que nous adresse mon excellent confrère Louis Schneider et qui a pour titre : « Sur les incendies au Théâtre et les enseignements qu'on en peut tirer ».

« L'histoire du feu dans les théâtres est vieille comme l'histoire du théâtre, plus vieille surtout que les précautions qui furent prises pour éviter le retour des incendies. C'est ainsi qu'à Rome les cirques flambèrent successivement avec une foudroyante régularité. En vain étaient-ils bâtis sur de solides assises de pierres ; ils étaient revêtus de gradins de bois ou recouverts de galeries de bois qui brûlaient avec une facilité à laquelle nos théâtres modernes n'ont rien à envier. En 69 après J.-C. quand brûla l'amphithéâtre de Plaisance, il ne resta pas même les quatre murs, disent les historiens ; il semblait qu'une invasion barbare avait passé par là.

« Quoique les jeux du cirque eussent lieu en plein air, dans la journée et par suite sans éclairage, la liste est longue des bâtiments que le feu détruisit :

« En 14 avant J.-C. l'amphithéâtre de Statilius Taurus.
21 après J.-C. le cirque Maximus.
22 — le théâtre de Pompée.
44 — le cirque Maximus.
64 — le même cirque Maximus.
68 — le théâtre de Marcellus.
69 — l'amphithéâtre municipal de Plaisance.
80 — à Rome, le théâtre de Balbus.
80 — — le théâtre de Pompée.
249 — — le même théâtre de Pompée.
269 — — le théâtre du Mont-Palatin.

« Du nombre de victimes il n'est pas fait mention : le plein air était une garantie contre l'asphyxie et aucun incendie n'éclata pendant la représentation. Le grand incendie de l'amphithéâtre de Plaisance en 69, est dû à l'imprudence d'un gardien qui, faisant sa ronde, laissa tomber sa torche de résine enflammée sur les gradins.

« Les anciens, on le voit, n'employaient aucun luminaire, aucun effet de pyrotechnie et cependant ils payèrent leur triste tribut au feu. Les théâtres romains avaient un danger permanent, c'était le *velarium* parfumé ou quelquefois arrosé pour obtenir de la fraicheur, le *velarium* qui était étendu au-dessus de la tête des spectateurs pour les garantir des ardeurs du soleil.

« Au moyen âge, il y eut peu de sinistres, les spectacles avaient lieu en plein air, à la porte des églises, n'exigeaient pas de machinerie, ni de lumière. Mais comme il faut toujours déplorer des malheurs partout où il y a une agglomération de public, il y eut de nombreux écroulements « d'eschaffaulx », de gradins, comme au Puy, à la représentation de l'*Histoyre du Mauvais Riche* en 1580, ou à Valenciennes, à la représentation d'une comédie chez les Pères jésuites : « Le pavé de la salle s'enfonça et « les spectateurs tombèrent dans les écoles qui se trouvaient en dessous, « dont plusieurs furent grièvement blessés. »

« Un savant allemand, M. Fölsch, qui professait à Hambourg, je crois, a publié un livre fort intéressant auquel je vais faire quelques emprunts statistiques. Ce livre, intitulé *Theaterbrænde und die zur Verhütung derselben erforderlichen Schutz Massregeln* (les incendies dans les théâtres et les mesures préventives pour en empêcher le retour), est ce qu'il y a de plus complet et de plus exact sur la question.

« M. Fölsch constate que le nombre des incendies a augmenté à partir de 1751, avec l'augmentation du nombre des salles de spectacle, avec l'introduction de l'éclairage, alors qu'au XVIe siècle il y eut fort peu de catastrophes.

Voici au surplus la funèbre nomenclature :

De 1751 à 1760 incendies dans 4 théâtres : 10 victimes.
— 1761 — 1770 — 8 — 4 —
— 1771 — 1780 — 11 — 134 —
— 1781 — 1790 — 13 — 21 —
— 1791 — 1800 — 15 — 1010 —
(dont 1.000 à Capo d'Istria en 1794)
— 1801 — 1810 — 17 théâtres : 37 victimes.
— 1811 — 1820 — 18 — 83 —
— 1821 — 1830 — 32 — 103 —
— 1831 — 1840 — 30 — 813 —
— 1841 — 1850 — 54 — 2144 —
(dont 1670 à Canton en 1845 et 200 à Québec en 1846)
— 1851 — 1860 incendies dans 76 théâtres : 241 victimes.
— 1861 — 1870 — 103 — 106 —
— 1871 — 1880 — 169 — 1217 —
(dont 283 à Brooklyn en 1876 et 600 à Tien-Tsin en 1872)
— 1881 — 1900 incendies dans 307 théâtres : 2.700 victimes (dont 70 à Nice en 1881, 450 à Vienne en 1881, 90 à Paris (Opéra-Comique) en 1887, 80 à Paris (bazar de la Charité) en 1897.

« Ces chiffres représentent en 150 années plus de 1.000 salles de théâtre brûlées avec plus de 8.000 morts (j'ai omis à dessein le nombre des blessés). Il y a des conclusions faciles à tirer de ce tableau à première lecture : c'est que, si le nombre des spectateurs est relativement minime par rapport à la quantité de gens qui vont au théâtre, la proportion est colossale par rapport au nombre de théâtres existants. Il est facile d'en déduire qu'il y a eu de tout temps un vice inhérent à toute exploitation théâtrale ; il est évident — comme l'a fort bien exposé M. Choquet dans la *Revue scientifique* du 17 septembre 1887 — « ... qu'une observation « frappe dans la relation des théâtres incendiés, c'est la construction défec« tueuse de la majorité d'entre eux ; les cirques ambulants, les baraques « foraines offrent au feu des aliments si favorables que les foyers d'incendie « qui s'y développent gagnent de proche en proche avec une rapidité prodi« gieuse... »

« Un fait rassurant à mettre en évidence, c'est celui de la rareté relative « des incendies au cours des représentations.

« La fréquence des incendies après le spectacle tient la plupart du temps « à des vices de construction produisant leur effet au moment où la sur« veillance disparaît ou tout au moins se relâche. »

« Il serait oiseux de chercher à vous donner, messieurs et chers confrères, la liste complète des théâtres qui ont brûlé depuis plus d'un siècle. Choisissons dans ce funèbre catalogue les spectacles dont l'incendie a occasionné mort d'hommes :

2 avril 1751. — Théâtre du Havre (10 personnes).

11 mai 1772. — Schowburg an de Kaisersgracht (théâtre royal) à Amsterdam (18 personnes). On jouait le *Déserteur* de Monsigny.

12 novembre 1778. — Théâtre du Colisée à Saragosse (77 personnes, parmi lesquelles le gouverneur Antonius Monso; 52 personnes grièvement blessées).

8 juin 1781. — L'Opéra à Paris.

1791. — Le théâtre de Capo d'Istria (1.000 morts).

24 août 1796. — Grand-Théâtre de Nantes (7 acteurs morts).

18 mars 1798. — Odéon (2 pompiers).

13 janvier 1807. — Bowen's Columbian Museum à Boston (6 personnes).

20 septembre 1808. — Covent-Garden à Londres (20 personnes).

26 décembre 1811. — Virginia U. S. Theatre à Richmond (États-Unis) 20 personnes).

14 février 1836. — Théâtre et cirque Lehmann à Saint-Pétersbourg 800 personnes).

14 juin 1846. — Royal Theatre à Québec (200 personnes).

28 février 1847. — Hoftheater à Carlsruhe (63 personnes).

26 mars 1853. — Petrowsky-Théâtre à Moscou (11 personnes).

7 juin 1857. — Teatro degli Aquidotti à Livourne (100 morts et 200 blessés).

19 juin 1867. — Fox's American Theatre à Philadelphie (13 personnes).

Mai 1872. — Théâtre-Chinois à Tien-Tsin (600 personnes).

25 avril 1876. — Théâtre des Arts à Rouen (8 personnes).

5 décembre 1876. — Théâtre Conway à Brooklyn (283 victimes).

23 mars 1881. — Théâtre-Italien à Nice (70 personnes).

8 décembre 1881. — Ring-Theater à Vienne (450 personnes).

25 mai 1887. — Opéra-Comique à Paris (90 morts, 73 blessés).

6 mai 1897. — Bazar de la Charité à Paris (80 morts, 50 blessés).

« Notre cher Paris occupe le second rang dans cette liste rouge avec 35 sinistres, alors que Londres en a eu 37 et New-York, 30.

« Ce n'est guère qu'à la fin du siècle dernier qu'on s'est préoccupé de remédier à ces incendies qui effrayaient le public par leur fréquence. Chacun indiqua son moyen le plus bizarre pour combattre le fléau. Les théâtres ont-ils moins brûlé depuis ? La statistique est là pour répondre non.

« Si l'on recherche de près, dans la nomenclature des sinistres, les causes des incendies, on pourra établir de façon à peu près certaine que, sur dix cas, neuf sont le fait de la négligence dans la surveillance, que le feu prend toujours dans l'intérieur du théâtre et n'est jamais communiqué par l'incendie d'un bâtiment voisin, mais se communique toujours ou presque aux bâtiments voisins.

« Il en ressort la nécessité absolue de l'isolement des salles de spectacle. Mais l'État lui-même, en France, n'a-t-il pas donné le mauvais exemple en adossant certain monument subventionné dont l'adossement est, hélas ! le moindre défaut.

« Mais ce ne sont pas là les seules mesures préventives qui s'imposent : l'agglomération des décors, des costumes et des accessoires est un danger permanent. Et si nos directeurs ne sont pas autorisés à laisser subsister des strapontins dans leurs salles, ils devraient aussi être contraints à n'avoir au théâtre que le matériel nécessaire à la seule représentation du jour.

« Il serait utile de ne laisser faire de feu que dans l'appartement du concierge. Peut-être même les critiques devraient-ils s'interdire d'aller fumer une cigarette dans la loge de la diva ou de la divette en vogue. Les appareils de chauffage qui devraient seuls être tolérés seraient les appareils à vapeur. Qui de nous pendant l'hiver n'est allé se réchauffer au feu de bois qui pétille en certains théâtres subventionnés dans la cheminée d'artistes amis? Les lampes à alcool dont la flamme bleue enlace le fer à friser devraient être proscrites. Il y a là autant de dangers permanents pour la sécurité des théâtres.

« En supprimant les causes, on aurait de grandes chances de combattre dès le début les incendies qui viendraient à se déclarer avant, pendant ou après le spectacle.

« On n'aurait plus qu'un ennemi devant soi, un seul ennemi, l'électricité qui reste l'insaisissable, l'énigmatique et qui ne livre point son secret. Elle brille mais elle brûle, et si elle n'asphyxie pas comme son prédécesseur, le gaz, elle foudroie comme son illustre aïeul, le tonnerre.

« Au surplus, je ne prétends pas qu'il la faille proscrire, mais c'est une mineure qu'il importe de garder en tutelle et de surveiller étroitement. Un théâtre n'est pas en sécurité parce qu'il est éclairé à la lumière électrique. Le danger est déplacé et voilà tout.

« Le moment viendra où devant les surprises que nous réserve encore la scène, les chances de destruction des salles de spectacle augmenteront. Peut-être alors les divers Etats qui viennent se concerter pour adopter des mesures communes de préservation se décideront-ils à classer les théâtres parmi les établissements insalubres, incommodes ou dangereux. Ce jour-là on pourrait peut-être déterminer à qui incombe la conservation d'un théâtre, à qui échoit la responsabilité de sa perte, problèmes, que jusqu'ici, il n'a pas toujours été facile de résoudre. »

D'autre part, voici en quels termes M. Gosset a traité la question *Sécurité* :

« *Précautions contre l'incendie.* — Celles-ci peuvent se formuler, pour la construction, en plus du service d'eau, dit le grand secours :

« 1° Scène. — La non-inflammabilité des décors et des châssis en bois, au moyen d'une dissolution ignifuge;

« 2° La substitution partout où faire se peut de matériaux incombustibles aux matériaux inflammables ;

« 3° La substitution de l'électricité avec des fils bien protégés, aux conduites de gaz; des calorifères à eau à ceux à air chaud ;

« 4° La construction au-dessus du toit (lui-même en charpente légère), d'une cheminée d'appel de la fumée et surtout des gaz de la combustion, afin qu'ils y montent de suite, au lieu de s'épandre en largeur dans toutes les parties de l'édifice, où ils portent l'asphyxie plus prompte et plus mortelle que le feu ;

« 5° La distribution sur les trois côtés de portes de sortie en tôle pour le personnel, portes fermant automatiquement, pour empêcher l'invasion de la fumée ;

« 6° L'isolement de la scène et de la salle par un rideau plein, manœuvré au moyen d'un piston hydraulique ;

« 7° Construction sur les façades de balcons et d'échelles de sauvetage.

« Salle. — Tous les incendies de théâtre commençant par la scène, la première précaution à prendre, celle qui peut suffire à localiser l'incendie, est l'abaissement immédiat du rideau plein (si l'on est en représentation), et la mise en fonction contre la paroi intérieure de ce rideau d'un arrosage en nappe, d'une rampe d'eau qui empêchera le rideau de rougir et de communiquer le feu à la paroi de la salle.

« L'isolement, la localisation du foyer est ainsi possible, immédiatement.

« S'il n'y a ni représentation ni répétition, il est bien entendu que, conformément à l'ordonnance de police sur les théâtres, le rideau de fer doit être tenu baissé, obligatoirement.

« Quant aux précautions de construction, elles sont les mêmes que pour la scène et se résument dans la substitution des matériaux incombustibles aux matériaux combustibles ; des ouvrages en maçonnerie à ceux en bois ; des voûtes aux solivages, des carrelages aux planchers, etc.

« Sécurité des personnes. — Dans les incendies de théâtre, les désastres sont le résultat de l'affolement. Le premier cri répand la terreur, on se précipite vers les portes, d'où prompte obstruction ; le premier qui tombe forme un arrêt contre lequel on trébuche, d'où entassement, asphyxie, etc.

« Il faut donc éviter ces premières causes en inspirant aux spectateurs une confiance absolue dans les facilités de sortie. Il faut qu'en prenant sa place, chacun voie sa ligne de retraite et qu'il sache qu'elle est assurée. Pour ce, que les portes de sortie soient en face des portes d'entrée aux différentes places; que chacun sache que l'escalier qu'il a monté le fera redescendre aussi vite; qu'en cas d'accident il y trouvera : de l'air pour respirer, de l'espace pour la fuite, c'est-à-dire la sécurité.

« Tout cela est possible, si l'on substitue dans le plan des théâtres, des escaliers *rayonnants* à tous les escaliers grands ou petits que possèdent les théâtres actuels. Ces escaliers, à l'instar de ceux des amphithéâtres romains, doivent rayonner sur un atrium central, comme celui du Théâtre-Français, c'est-à-dire sur le contrôle; ils offrent l'avantage, de disperser immédiatement la foule à la périphérie : ils évitent les encombrements, et ils évitent aussi cette attente dans laquelle actuellement s'énerve le public devant les trois ou quatre portes des théâtres modernes.

« C'est un parti architectural simple et monumental, que j'ai vainement proposé dans plusieurs concours, en France et à l'étranger.

« Son heure n'est sans doute pas encore venue; il est trop simple, comme le dit son vulgarisateur avec une pointe d'ironie fort compréhensible. »

Sous ce titre : « Le danger d'incendie des théâtres et le moyen de le prévenir, » M. Louis de Szilagyi, conseiller technique, ancien inspecteur en chef de l'Opéra-Royal hongrois de Budapest, présente au Congrès de l'art théâtral une proposition d'où nous extrayons les passages suivants :

« La mise en scène et l'agencement scénique des théâtres tendent à mettre en relief le sujet des pièces représentées selon les exigences du public. Chez les Grecs et Romains de l'antiquité les représentations avaient lieu dans des enceintes closes, mais la scène se bornait à marquer le milieu de l'action. Au fur et à mesure que le public augmentait ses exigences et demandait à avoir l'illusion de ce milieu, l'architecture des théâtres prit un caractère de plus en plus compliqué; la scène réclamait un agencement spécial, et il fallait recourir à des travaux techniques qui étaient appelés à créer des illusions, à impressionner et à tromper les sens du public et tout cela augmentait dans les théâtres le danger de l'incendie.

« A mesure que ce danger se dessinait et s'accentuait, on multipliait les dispositions et les aménagements qui tendaient à sauvegarder les théâtres et le public contre les incendies.

« On cherchait à éliminer, dans la mesure du possible, les constructions combustibles; on établissait des appareils destinés à arrêter la marche des flammes, on dressait des rideaux, d'abord en tissus métalliques, puis en fer plein, on perfectionnait l'adduction des eaux requises pour l'extinction des feux, on établissait des bassins à eau, on montait des mécanismes capables de noyer la scène par une véritable averse, puis on éclairait les salles à la lumière électrique et on employait l'électricité pour actionner le mécanisme à distance.

« Tout cela ne suffisait guère pour atténuer le danger des théâtres. L'élément destructeur ne cessait d'exiger des victimes et malheureusement il ne se bornait pas à détruire des théâtres, mais il consumait presque toujours des hécatombes humaines.

« Et il cite trois catastrophes inoubliables. Le 8 décembre 1881, dit-il, nous avons eu celle du Ringtheater à Vienne, dont les ruines se sont écroulées sur les cadavres noircis de plus de 400 personnes. Après ce terrible avertissement, le préfet de police de Paris s'empressa de lancer un règlement tendant à sauvegarder la sécurité des théâtres parisiens. On étudiait la question, on multipliait les délibérations, mais le règlement resta lettre-morte, un lambeau de papier ne pouvait guère empêcher le terrible incendie qui a éclaté le 25 mai 1887 à l'Opéra-Comique et a causé la mort de plus de 90 personnes. Et une ironie sanglante du sort veut que cette catastrophe ait été précédée de deux semaines par une discussion animée qui a eu lieu au Palais-Bourbon le 12 mai 1887 et a signalé d'avance les dangers que courait l'Opéra-Comique. On a applaudi le prophète de malheur, mais on n'a pas empêché le théâtre de se prêter avec la plus grande complaisance à la voracité des flammes.

« Et malgré l'avertissement du 25 mai 1887, dont les arguments avaient été pourtant concluants au possible, nous avons eu, pas plus tard qu'au 5 septembre 1887, et dans des circonstances similaires, l'incendie du théâtre municipal à Exeter (Angleterre) qui a fait 150 victimes parmi les 800 visiteurs qui ont assisté à la soirée fatale.

« Les trois catastrophes que nous venons de mentionner sont arrivées pendant la représentation, sur la scène ; le feu a pris naissance sur les rampes, la fumée a pénétré dans la salle et, dans l'obscurité, les victimes ont été asphyxiées. Il est donc naturel que la Commission ait abouti aux conclusions suivantes :

« *La vraie sécurité des théâtres est celle qui ne donne jamais lieu à des sauvetages, celle qui est garantie par l'absence des dangers du feu, par la permanence des barrières infranchissables à l'incendie. C'est sur cette fin que doivent être concentrés tous les efforts et tous les sacrifices. Un théâtre doit être désormais inincendiable* (1). »

« Conformément à ces intentions, on a ordonné certaines transformations et certains aménagements dans les théâtres parisiens et on a modifié le règlement de la police des théâtres. Les transformations les plus intéressantes et les plus laborieuses ont été exécutées avec une rapidité étonnante, du 15 juillet au 22 août, c'est-à-dire en 17 nuits et 39 jours, au Théâtre-Français. Le gaz a été supplanté par la lumière électrique qui brûle sans flamme ; la scène a été séparée de la salle, par une charpente métallique et un rideau en fer plein ; la conduite d'eau a été perfectionnée ; on a établi 40 bouches à incendie et deux réservoirs d'une contenance de 6,000 litres chacun ; on a construit un appareil pour la pluie en scène, dit le grand secours, avec un débit de trois mètres cubes d'eau par minute ; on a ménagé de nouveaux escaliers ; on a monté le cadran-compteur des rondes de nuit ; on a établi 31 avertisseurs de contrôle et 21 avertisseurs d'alarme ; on a superposé à la scène un fumivore de douze mètres carrés, muni, tout comme le rideau métallique, de transmissions électriques pouvant être actionnées de divers points du théâtre. On a, enfin, multiplié les études et les essais pour découvrir le moyen de rendre les décors incombustibles.

« Et ce mécanisme si perfectionné, si ingénieux, qui paraissait offrir la garantie de tout repos, avec ses bouches à incendie maniées à distance par l'électricité, ses réservoirs, son appareil du grand secours, ses bouches d'incendie et ses rideaux en fer plein, devint lui-même, le 8 mars 1900, la proie d'un incendie. Nous savons que le feu a éclaté en plein jour ; la salle était vide ; une seule artiste se trouvait au théâtre ; elle a péri au milieu de souffrances terribles.

(1) Rapport de M. Emile Trélat au nom de la sous-commission, le 2 juillet 1887.

« Je suis d'avis qu'il est nécessaire d'organiser *la surveillance préventive permanente*, c'est-à-dire pour toutes les heures de la journée. Cette surveillance doit être exercée sans discontinuer et dans toutes les parties incendiables du théâtre. Et ce service doit être fait, non seulement par les pompiers professionnels, mais par l'ensemble du personnel devant être formé en corps de pompiers fonctionnant en permanence. Ce corps rendra des services d'autant plus utiles que les employés techniques connaissent à fond tout le mobilier du théâtre, l'économie de l'espace et l'agencement.

« Je désire donc une surveillance préventive permanente à exercer tant par les pompiers professionnels que par le personnel technique du théâtre.

« L'art de la mise en scène a fait, de nos temps, des progrès prodigieux ; et s'il a augmenté par là le danger de l'incendie, le service technique doit marcher de pair et rester toujours à la même hauteur que cet art. Notre public ne se contente plus des accessoires faits de pacotille peinturlurée et d'un feu imité. Il veut des objets réels, la sensation du feu qui brûle. C'est au service technique de s'accommoder à ces exigences et de prévenir quand même le danger.

« Aussi le service de surveillance préventive permanente doit-il être rendu *obligatoire* dans tous les théâtres et salles de spectacle. L'outillage technique est parfois trop coûteux pour qu'on puisse l'imposer, mais le service permanent ne demande que l'énergie de la direction et la bonne volonté du personnel.

« Aussi sommes-nous d'avis qu'il y a lieu de l'imposer, de l'exiger absolument dans tous les théâtres subventionnés par l'Etat, par les villes, les départements et même dans les théâtres privés. Le gouvernement central doit présider à l'organisation de ce service et exercer un contrôle permanent et rigoureux sur son fonctionnement:

« Aussi ai-je l'honneur de soumettre au Congrès la résolution que voici :

« Le Congrès international de l'art théâtral de 1900 émet le vœu :

« 1° Que le service préventif permanent à l'égard du danger d'incendie soit rendu obligatoire et organisé dans tous les théâtres ;

« 2° Que la surveillance soit exercée en combinant le service des sapeurs-pompiers professionnels et le service spécial du personnel technique du théâtre ;

« 3° Que ce service de surveillance préventive permanente soit placé sous le contrôle du gouvernement central et des autorités des départements ou villes. »

Toujours au point de vue *sécurité*, M. Mowbray, artiste dramatique, est l'inventeur d'un système qu'il appelle le *système tubulaire interne* et qui ne tend rien moins qu'à ouvrir 432 issues supplémentaires, par l'installation de 12 tubes qui visitent le théâtre dans toute sa hauteur (soit 6 étages) et peuvent déverser à l'extérieur 432 personnes à la seconde.

Je clorai la partie technique de ce rapport en vous faisant connaître, messieurs, les documents qu'a recueillis M. Horeau. Ces documents regardent l'ignifugeage, c'est-à-dire les moyens préventifs à employer.

Une des plus sérieuses applications de l'ignifugeage est celle que l'on doit à MM. Nodon et Bretonneau, sous l'appellation de « Sénilisation rapide des bois et matières fibreuses ». Voici en quels termes M. Georges Vitoux présenta au public la découverte des deux jeunes savants, dans le journal du 19 mars 1900 :

« De toute évidence, pour qu'un bois soit ignifugé de façon vraiment satisfaisante, il ne suffit pas qu'il soit recouvert superficiellement d'une couche plus ou moins épaisse d'un produit ignifuge ; il faut encore que toutes ses fibres soient englobées, pour ainsi dire, dans la substance protectrice, que celle-ci se rassemble enfin à l'intérieur même et à l'entour de toutes ses cellules constituantes, de telle sorte qu'aucune d'elles ne puisse échapper à son action tutélaire. Voici longtemps, du reste, que cette vérité a été reconnue. Et cela est si exact qu'en Angleterre, qu'en Amérique, depuis déjà plusieurs années, il s'est créé de puissantes usines dans lesquelles on réalise l'ignifugation des bois en les faisant pénétrer sous pression par des solutions salines convenables.

« Encore que le procédé ne fût pas parfait, en raison de cette circonstance que la répartition des sels à l'intérieur du bois traité est fort irrégulière et qu'elle n'atteint pas au delà d'une certaine profondeur assez limitée, il ne laissait pas de présenter un réel perfectionnement qui lui valut, outre-mer, un légitime succès.

« Ne pouvait-on faire mieux encore ?

« MM. Nodon et Bretonneau le pensèrent et se mirent en devoir de rechercher si, grâce à leur traitement par l'électricité, ils pourraient réussir à accumuler dans toute la masse du bois une quantité importante de produits ignifuges.

« Cette fois encore, l'expérience réussit et montra la justesse des prévisions des deux habiles inventeurs.

« Les bois traités de la sorte, en effet, acquièrent des qualités nouvelles. Bien pénétrés également dans toute leur masse, en quelque sorte saturés par les sels protecteurs qui, ainsi que le constatait naguère M. J.-A. Montpellier dans la revue technique l'*Electricité*, forment autour de chaque fibre une véritable gaine, ils se dessèchent rapidement et durcissent, leur ténacité augmente et, en même temps que réellement incombustibles, ils deviennent imputrescibles.

« Rien de plus normal qu'il en soit ainsi.

« C'est que, sous l'action du courant électrique, au cours du traitement, le bois peut fixer dans sa masse jusqu'à « vingt-six pour cent de son poids de sels ignifuges », ce qui lui assure des qualités de résistance au feu vraiment exceptionnelles.

« Les expériences réalisées le 23 janvier dernier à l'intérieur de la caserne des sapeurs-pompiers du boulevard du Palais, en présence notamment de M. le colonel du régiment des sapeurs-pompiers, de M. le capitaine-ingénieur Cordier, de M. Ferrière, sous-directeur du laboratoire municipal de Paris, etc., sont, à cet égard, nettement démonstratives.

« Voici en quoi elles consistèrent :

« Sur la demande de la commission d'examen, les inventeurs avaient fait construire en bois ignifugé par leur procédé (sapin et peuplier), avec des planches de 26 millimètres d'épaisseur, quelques caisses cubiques mesurant 50 centimètres de côté. Le fond de ces caisses était percé de cinq ouvertures.

« Une de ces caisses en sapin ayant été retournée et maintenue à 1 centimètre environ du sol à l'aide de petites cales, on introduisit à son intérieur un kilogramme de copeaux secs dont la combustion rapide était capable de développer en quelques minutes une quantité considérable de chaleur, environ 3.500 calories, soit la chaleur suffisante pour porter de zéro degré à l'ébullition « trente-cinq litres d'eau ».

« Les copeaux furent enflammés, et grâce aux trous pratiqués dans le fond de la caisse et qui constituaient des évents d'appel, la combustion fut extrêmement rapide, si bien qu'au bout de cinq minutes, l'on pouvait retourner et examiner la caisse. Celle-ci qui était restée froide extérieurement, encore que les flammes se fussent échappées par les trous pratiqués dans la paroi supérieure, n'avait été carbonisée intérieurement que sous une épaisseur d'environ 1 millimètre. Aucun point ne restait en ignition et le bois ne s'était disjoint nulle part sous l'action de la température.

« L'expérience fut renouvelée avec une caisse semblable, mais, cette fois, avec un poids double de copeaux.

« Au bout de treize minutes quand, la combustion achevée, l'on examina la caisse l'on constata qu'elle était rouge intérieurement, mais qu'aucune flamme ne se propageait à la surface des planches. La carbonisation, naturellement, était un peu plus profonde que dans le premier cas.

« On prit alors une caisse de bois blanc à l'intérieur de laquelle on fit brûler « trois kilogrammes » de copeaux dont la combustion était susceptible de développer une quantité de chaleur capable d'élever de la température de la glace fondante à celle de l'ébullition « cent cinq litres d'eau ».

« L'essai dura trente minutes environ, et quand on procéda alors à l'examen de la caisse, on constata que, si son intérieur était incandescent et ses parois carbonisées sur 5 à 6 millimètres de profondeur, l'une d'elles, contre laquelle s'étaient accumulées les braises, ayant même été traversée, à l'extérieur elle était simplement chaude.

« Le même essai répété avec une caisse en sapin non ignifugé et avec un kilogramme seulement de copeaux se terminait, au bout de trois minutes, par un petit incendie que l'on dut éteindre avec de l'eau.

« Ces résultats remarquables, les plus complets que l'on ait obtenus jusqu'à ce jour, ont d'ailleurs été enregistrés dans le rapport particulièrement élogieux de la commission d'examen à M. le préfet de police.

« Depuis, du reste, M. Nodon, en une expérience vraiment saisissante, a constaté que le bois ignifugé par le procédé Nodon-Bretonneau est susceptible de résister aux plus fortes températures. Ayant soumis à l'action de l'arc électrique un morceau de bois ignifugé et un morceau semblable non traité, il vit le premier se carboniser aux points de contact avec l'arc, tandis que le second s'enflammait de suite et brûlait en donnant de longues flammes. C'est là, sans aucun conteste, une particularité intéressante au premier chef, de nombreux accidents étant dus à l'inflammation, par suite de la formation intempestive d'un court circuit, des moulures de bois servant à protéger les fils conducteurs d'électricité. En établissant ces moulures en bois ignifugé, au lieu de simple bois blanc comme on le fait aujourd'hui, on se mettra à l'abri d'un grave danger d'incendie. »

MM. Nodon et Bretonneau eux-mêmes ont bien voulu nous fournir les détails suivants :

« Notre procédé, nous ont-ils dit, permet de rendre le bois incombustible non plus seulement à sa surface, mais *dans toute son épaisseur*. Soumis à une source de chaleur quelconque, flamme, métal porté à blanc, court-circuit, arc électrique, le bois ignifuge sénilisé se carbonise lentement sans donner aucune flamme et sans former tison. Ces propriétés, qui sont garanties, ont été mises en évidence par diverses expériences faites à l'état-major des Pompiers de Paris. On peut d'ailleurs les faire soi-même : il suffit de s'adresser au siège de la Société de sénilisation, 6, rue Le Peletier, Paris.

« Outre son ininflammabilité absolue, le bois ignifuge sénilisé possède les avantages suivants :

« 1° Par suite de l'expulsion de la sève et d'une action électro-chimique spéciale, il est parfaitement sec et ne *joue* plus ;

« 2° Il est imputrescible ;

« 3° Non seulement il conserve toute sa solidité, mais sa ténacité est plus grande ;

« 4° Malgré cette augmentation de dureté, sensible surtout pour l'aubier, il se laisse facilement travailler avec les outils ordinaires ; il permet les moulures et même les sculptures les plus délicates ;

« 5° La couleur ne change pas d'une façon sensible ;

« 6° Il ne s'attaque nullement au contact du fer ou du cuivre ;

« 7° Il se colle bien et prend parfaitement toutes sortes de vernis et de peintures ;

« 8° En mettant sa surface en contact avec une solution très chaude et concentrée de sulfate d'alumine, on forme une couche protectrice de 0m001 environ, très dure, inaltérable, ignifuge et hydrofuge.

« La perfection du résultat obtenu, la sécurité absolue qui en résulte relèguent au second plan la question de prix : elle a cependant son importance.

« Pour le bois de hêtre, qui donne des résultats particulièrement bons, pour le sapin et pour les bois blancs, le prix de l'ignifugation totale est de 100 francs par mètre cube ; on en déduit facilement le prix du mètre superficiel suivant les épaisseurs employées.

« On a ainsi un bois stable, très dur et imputrescible ; si l'on considère, d'autre part, que son usage exclusif permet de réduire au minimum, sinon à zéro, les frais de pompiers, de surveillance et d'assurance, on voit que l'augmentation de prix qui résulte de son adoption est minime, si on la met en rapport avec les avantages : sécurité complète du public, des artistes, du personnel, intérêts du directeur et du propriétaire.

« Une telle réforme serait moins coûteuse et plus efficace que les travaux de dégagement, percements divers, balcons de fer, etc., exigés actuellement.

« Enfin, il est certain que la suppression de tout danger d'incendie amènerait une augmentation du nombre des entrées.

« Ces raisons péremptoires ont déterminé l'architecte du Théâtre-Français, M. Guadet, à examiner soigneusement, de concert avec son entrepreneur M. Simonet, l'utilisation du bois ignifugé par notre procédé. Il en a été fait usage dans la reconstruction de la salle et de la scène de la Comédie-Française.

« En résumé, les propriétaires, les directeurs, les artistes et surtout les spectateurs ont avantage à l'emploi exclusif du bois ignifuge sénilisé : lui seul est garanti, lui seul supprime tout danger d'incendie. »

M. P. Carré, ingénieur chimiste, directeur de la société l'*Incombustible*, a, sur les moyens chimiques de préservation contre les incendies, extincteurs et produits ignifuges, fourni un important travail que je résumerai ainsi :

« Après plusieurs séries d'essais qui ont porté sur diverses essences de bois et dans lesquels nous avons fait varier les conditions d'application, tout aussi bien que la composition du mélange salin, nous avons dû donner la préférence à un mélange dans des proportions variables, suivant le cas, de sept sels alcalins différents, et c'est ce mélange qui forme l'objet de notre brevet français, n° 282.218, en date du 21 novembre 1898.

« C'est grâce à l'application de cette composition que nous avons pu préserver superficiellement une partie des bois apparents des constructions de l'Exposition de 1900.

« Il est vivement à souhaiter qu'on généralise aussi l'emploi de peintures ininflammables. Cette méthode constitue à elle seule, même sans ignifuge préalable, une protection réelle.

« Enfin, il faut citer la préservation des bois intérieurs ou des charpentes de combles à l'aide d'une ou de plusieurs couches de peinture à base d'amiante sur les bois préalablement ignifugés.

« L'ignifugeage des bois peut se faire au badigeon pour 0 fr. 10 à 0 fr. 60 le mètre superficiel, suivant la difficulté du travail. Ce prix comprend les *deux* couches nécessaires. Par immersion le mètre superficiel peut être compté au prix moyen de 0 fr. 50 et la couche d'amiante s'effectue à raison de 0 fr. 60 le mètre superficiel. »

M. P. Carré a résolu également le problème d'ignifuger les étoffes sans en altérer les couleurs et il conseille de prendre les décors sur toile ignifugée. Comme moyens combatifs il offre trois engins d'importance différente :

1° La grenade Labbé;
2° L'extincteur instantané Excelsior;
3° L'extincteur pompe Excelsior.

Le premier de ces engins est fort connu; il a rendu d'innombrables services tant en France qu'à l'étranger; le second et le troisième se font connaître de jour en jour et ils constituent des combatifs très efficaces, ainsi qu'en témoignent les certificats officiels que j'ai eus sous les yeux.

On peut donc conclure que l'ensemble des moyens préventifs et combatifs présentés par M. Carré est de nature, si l'application en est suffisamment généralisée, à faire baisser, dans des proportions sérieuses, la statistique des incendies.

Enfin, la Société du Silexore explique ainsi son produit :

—

« Le silexore L. M. constitue par la nature de ses éléments et par sa composition chimique, un produit ignifuge (de 1er ordre, dont les preuves ont été faites dans maintes applications et dont l'expérience suivante a constaté la valeur :

« De deux guérites en paille construites absolument de la même façon, l'une a été enduite de l'Ignifuge-Silexore, l'autre laissée telle quelle : On mit le feu dans chaque guérite en même temps en allumant une botte de paille ; la guérite non enduite fut réduite en cendres au bout de *deux minutes*, tandis que la guérite enduite restait encore debout après trente-cinq minutes ; la paille *avait blanchi, mais sans flamber*. Cinq minutes après, c'est-à-dire quarante minutes après la mise en feu, la guérite recouverte d'Ignifuge-Silexore s'affaissait, mais toujours *sans jeter de flammes*.

« La « Silexorisation ignifuge » des matériaux de construction, bois, toiles, cartons de toiture, etc., présente sur les produits de même destination, l'inappréciable avantage d'être à la fois l'imprégnation d'un produit réfractaire à la flamme, communiquant aux surfaces sur lesquelles il est appliqué ses propriétés ignifuges dans toute leur intégrité, et de constituer en même temps une *peinture* susceptible de donner *tous les tons* usités dans la construction.

« Les autres produits ignifuges ne *sont qu'ignifuges*, et leur application sur les bois *apparents de construction* doit, dans la plupart des cas, être suivie d'une deuxième application de deux ou trois couches de peinture à *l'huile*.

« Or, il suffit d'énoncer le fait pour établir que le résultat de l'ignifugation disparaît, *ipso facto*, dès qu'on doit recouvrir les matériaux ignifugés d'une ou plusieurs couches de *peinture à l'huile* éminemment inflammable et combustible.

« L'Ignifugation-Silexore remédie à cet inconvénient capital et rend ininflammables véritablement et *définitivement* toutes les surfaces qui en sont revêtues, puisqu'il les protège pour toujours (et sans *aucune déperdition* de ses propriétés), par le fait de l'imprégnation du Silexore (blanc ou *coloré* au choix du constructeur).

« Enfin son application est des plus faciles : elle se fait à *froid*, sans autres appareils qu'une brosse et un camion, comme toutes les peintures ; elle coûte *moins cher* que la peinture à l'huile et remplit, exclusivement à tous autres produits similaires, le but pour lequel elle est employée. »

Un siège automatique présenté par MM. Mousseau et Morlet est intéressant, mais je dois dire que son emploi ne parait pas très pratique, en ce sens que, se repliant sur lui-même dans sa largeur et dans sa hauteur, il forme des couloirs répétés, perpendiculaires à la scène et qui, dans un moment de panique, conduisant toute l'assistance vers un même point (le fond de la salle) nuiraient plus qu'ils ne serviraient à l'écoulement de la foule affolée.

Enfin, à côté de mainis détails intéressants qui appellent des vœux, il en est un, concernant l'installation des water-closets pour le personnel de scène et qui est d'une grande importance. Il faudrait à tout prix éviter les mauvaises odeurs par le système rationnel d'un tout-à-l'égout. A ce propos je citerai une note fournie par M. Oller sur l'installation des loges d'artistes, en ce qui concerne les toilettes-lavabos et le chauffage.

« Il est à remarquer qu'en général l'aménagement des loges d'artistes dans un théâtre est très négligé et qu'il n'est tenu aucun compte des conditions d'hygiène et de confort dans lesquelles elles devraient être installées.

« En dehors de l'espace qui devrait être large et proportionné au nombre d'artistes qui doit occuper chaque loge, il est indispensable, à mon avis, d'installer dans les loges des toilettes-lavabos avec arrivée d'eau prise sur la conduite, afin d'avoir l'eau à profusion et écoulement des eaux sales au tout-à-l'égout directement par le moyen des cuvettes à bascule.

« On éviterait ainsi les malpropretés des lavabos existants qui n'ont pour l'évacuation des eaux sales qu'un seau qui reste dans la loge pendant tout le temps de la représentation, la loge est ainsi généralement sale et l'air vicié avec le mélange des odeurs des parfums et la chaleur.

« Pour le chauffage des loges et de la scène je préconise, à l'exclusion de tout autre procédé, l'emploi du chauffage *à vapeur* à basse pression, système qui donne une chaleur douce et saine et évitant toute chance d'incendie à la condition que la cheminée soit indépendante du théâtre.

« J'ai pour ma part fait procéder à l'installation de ces systèmes de lavabos et de chauffage dans les loges d'artistes de l'Olympia et j'ai obtenu les meilleurs résultats au point de vue de l'hygiène et du confort. »

Le Congrès,

Considérant les nouvelles études faites sur la construction théâtrale, émet les vœux suivants :

Pour la construction :

1° Que les architectes s'appliquent à observer les lois de l'acoustique et de l'optique, mais que, tout en respectant ces lois dont on a constaté les effets différents dans des salles de forme identique, ils accordent surtout leur attention aux dégagements de la salle et de la scène, en s'inspirant pour cela des modèles antiques;

2° Que le luxe soit rénové et que les progrès modernes de l'art décoratif soient appliqués sous toutes leurs formes dans les salles de spectacle (émaux, mosaïques de verre, faïences, emploi des peintures vernissées, de cuir et de nickel).

3° Que l'espacement des fauteuils, la largeur des couloirs et le nombre des sorties soient déterminés par un règlement officiel et que le chauffage et l'aération soient établis d'après les inventions récentes.

Pour la machinerie :

1° Qu'une entente s'impose entre les architectes et les machinistes pour une disposition nouvelle de la machinerie dans les théâtres ;

2° Qu'un comité d'études soit institué pour préciser les avantages et les inconvénients de la machinerie préconisée à l'étranger (fer, fonte, acier, substitués au bois);

3° Que le fractionnement du plancher de la scène soit adopté par plans se levant et s'inclinant, et supprimant les praticables difficiles à manier et longs à poser;

4° Que les systèmes des moteurs à gaz, à eau, à air et à l'électricité soient essayés conjointement avec la machinerie à main, pour arriver à diminuer la durée des entr'actes. Et, à ce dernier point de vue, le Congrès pense qu'il y a lieu de préconiser le système de la scène tournante telle qu'on l'emploie au Residenz de Munich.

Pour la sécurité :

1° Il renouvelle le vœu d'isolement complet qu'il a fait à propos de la construction théâtrale; donc, que les théâtres soient isolés (ce sont eux qui, foyers d'incendie, communiquent le feu aux immeubles voisins; les exemples sont excessivement rares des théâtres incendiés par lesdits immeubles);

2° Que, pour arriver à l'incombustibilité complète des matériaux, l'ignifugeage soit appliqué aux décors, aux bois de scène et à la corderie;

3° Que l'emploi des portes et des sièges *automatiques* soit vulgarisé, ainsi que le remplacement des tapis par du linoléum ignifugé;

4° Que les calorifères soient remplacés par le chauffage à l'air chaud et à la vapeur, et que l'installation de ces derniers systèmes soit éloignée des dessous.

Messieurs, du domaine des travaux que j'ai rédigés, bien des points sont restés dans l'ombre. J'ai cru pourtant devoir les laisser figurer au programme, car leur importance est égale à ceux qui nous ont valu de très précieux mémoires. L'énumération totale des questions pourra servir de base à de nouvelles études, puisqu'il est certain aujourd'hui que ce premier Congrès de l'art théâtral sera suivi d'un grand nombre d'autres.

Ce que nous avons cherché cette année, ç'a été de grouper des bonnes volontés et des expériences. Ces expériences et ces bonnes volontés promettent un concours actif à vos assemblées futures et elles élucideront certainement bien des questions que nous n'avons fait, faute de temps, que signaler à votre attention.

Tel quel, il est permis de dire que notre Congrès aura préparé l'avenir de l'art théâtral. Il aura permis aux individualités éparses de se rassembler, de se connaître et de s'apprécier, il aura apporté dans cette fête du travail et de la paix qu'est l'Exposition de 1900 quelque chose d'utile : le résultat des pensées des travailleurs. Notre tâche a été modeste, nous avons cependant le droit d'en être fiers. Quiconque aide l'humanité à s'affranchir des erreurs anciennes, quiconque fait un effort vers le mieux, quiconque donne à tous le meilleur de ses réflexions personnelles, accomplit un devoir très noble et marque, dans la lente évolution du travail sacré, une étape vers le Progrès.

DEUXIÈME SÉANCE

DEUXIÈME SECTION

Éclairage — Machinerie — Décors.

Vice-président : M. Clémançon.

M. Saint-Paul, rapporteur, donne lecture du rapport suivant :

PREMIÈRE PARTIE — ÉCLAIRAGE

Chapitre Ier. — Historique.

L'industrie de l'éclairage est une de celles dont les progrès ont été les plus importants au cours du siècle qui s'achève.

Aussi bien ses applications à la scène ont-elles acquis un perfectionnement qu'il est aisé d'apprécier par les changements qui se sont produits dans le théâtre depuis son origine.

Les merveilles de la mise en scène et le luxe du luminaire que l'on admire dans nos théâtres modernes contrastent singulièrement avec les tréteaux où furent joués les mystères du moyen âge à la lueur jaunâtre de quelques fumeuses chandelles.

Point n'est besoin, d'ailleurs, de remonter très loin dans le passé pour mesurer le progrès accompli : rappelons-nous simplement ces paroles de Lavoisier en 1781 :

« Il est peu de ceux qui m'entendent, disait l'illustre savant, qui n'aient vu déranger les spectateurs pour moucher les chandelles de suif dont les lustres des théâtres étaient garnis. On n'a pas oublié sans doute combien ces lustres offusquaient la vue d'une partie des spectateurs, principalement aux secondes loges; aussi les plaintes du public ont-elles obligé d'en supprimer successivement le plus grand nombre.

« On a suppléé à ceux de l'avant-scène en renforçant les lampions de la rampe et l'on a substitué la cire, au suif et à l'huile; les lustres, qui fondaient sur l'amphithéâtre, ont été réunis en un seul placé dans le milieu et la contexture en a été rendue plus légère. »

Telle était, à la fin du XVIIIe siècle, la manière dont les salles de spectacle étaient éclairées; sa caractéristique peut se résumer ainsi : une rampe très brillante et un lustre central comportant tout le luminaire de la salle et des amphithéâtres; il en résultait un éclairement extrêmement irrégulier d'une partie à l'autre de la salle et certaines places des loges et des galeries étaient plongées dans une obscurité à peu près complète.

La découverte du gaz de houille contribua à améliorer très sensiblement les conditions d'éclairage des salles de spectacle. La première application du nouvel illuminant fut faite à l'Opéra le 16 août 1821, dans la nouvelle salle construite par Debret, rue Le Peletier, en remplacement de l'ancienne salle de la rue Richelieu fermée au lendemain de l'assassinat du duc de Berry par Louvel.

Le public fut émerveillé du nouvel éclairage dont l'application s'étendit peu à peu à la plupart des salles de spectacle.

Chapitre II. — Éclairage au gaz.

Avantages et inconvénients de l'éclairage au gaz.

Les progrès successivement réalisés dans les procédés de distribution et d'utilisation du nouveau fluide assurèrent à l'art de la mise en scène un concours important : il fut, en effet, possible, dès ce moment, de réaliser très rapidement, à volonté, et sans incommoder les spectateurs, toute la gamme des effets d'éclairage sur la scène ou dans la salle. On peut donc affirmer, à notre avis, que l'art de la machinerie et de la mise en scène reçut une impulsion singulièrement féconde dès le jour où il devint possible, par la manœuvre raisonnée d'un jeu d'orgues commandant les divers tuyaux d'émission du gaz, de modifier, à volonté, l'éclat ou le régime d'utilisation des foyers d'éclairage, en vue de faire concourir l'ensemble du luminaire à la mise en valeur des divers tableaux scéniques.

Dans un remarquable rapport présenté à la commission supérieure des théâtres et auquel nous empruntons quelques passages, M. Mascart a exposé les avantages et les inconvénients du gaz.

« Cet éclairage, dit-il, donne une lumière agréable à la vue et vivante pour ainsi dire par le mouvement de sa flamme; sans odeur sensible, quand il est bien réglé, et pouvant prendre toutes les formes désirables par un simple changement des becs. C'est, enfin, une lumière toujours prête à servir, ayant sa source en dehors de l'édifice, pratiquement inépuisable, qu'on allume, qu'on éteint, ou qu'on modère à volonté, en chaque point, sans avoir à se préoccuper du nombre des becs allumés dans toute l'étendue de la distribution. »

Le gaz offre cependant de graves inconvénients : il suffit d'avoir assisté une fois à la manœuvre hâtive et compliquée des décors pour être convaincu que les précautions les plus rigoureuses risquent de devenir illusoires. Les cintres sont encombrés de toiles au milieu desquelles montent, descendent et se balancent des herses qui parfois ne portent pas moins de cent becs de gaz. Les portants et les traînées communiquent par des tuyaux flexibles avec des robinets situés sous la scène; lorsque l'ajustage est terminé, l'appareilleur frappe du pied sur le plancher pour qu'on ouvre les robinets et qu'on procède ensuite à l'allumage; mais, tous les becs ne peuvent être allumés en même temps, et, parfois, il y a malentendu. Aussi n'est-il pas rare de voir à ce moment d s flammes d'une longueur démesurée, pouvant être la source d'accidents graves.

L'examen des d ngers possibles pendant une représentation éclairée au gaz est effrayant et il faut une excellente organisation intérieure et un personnel parfaitement exercé pour que des catastrophes ne se produisent pas plus souvent.

En dehors des dangers qu'il présente, le gaz, par sa combustion, occasionne le grave inconvénient d'appauvrir l'air en oxygène.

M. Julien Lefèvre estime qu'un bec de gaz consommant 120 litres à l'heure transforme en acide carbonique une quantité d'oxygène qui suffirait à la respiration de quatre personnes.

Si l'on observe que dans les salles bien éclairées il faut compter environ un bec d'éclairage par place d'auditeur on conçoit avec quelle rapidité peut s'altérer l'air des salles de spectacle éclairées par le gaz ; aussi doit-on toujours combattre la viciation de l'air par une ventilation énergique des locaux intéressés.

Chapitre III. — Éclairage électrique.

§ Ier. — *Historique.*

Mais le gaz d'éclairage, dont le concours avait paru si précieux autrefois pour l'éclairage des théâtres, ne suffit plus depuis déjà longtemps à la satisfaction du public.

Comme l'a fort bien dit M. Julien Lefèvre, dans son intéressant travail sur l'*Electricité au théâtre*, il n'est personne, depuis quinze ans au moins, qui n'ait vivement souhaité de voir s'introduire et régner, en souveraine maîtresse, dans les théâtres, l'électricité, cette puissance mystérieuse, qui peut nous dispenser, avec une lumière éclatante, exempte de tout danger d'incendie, une force motrice douée d'une admirable souplesse et d'une précision parfaite, se prêtant aussi bien à la manœuvre des décors les plus lourds qu'à l'exécution des trucs les plus délicats.

Le premier essai de la lumière électrique au théâtre eut lieu en 1846 dans la pièce des *Pommes de terre malades*. Il fut renouvelé en 1848 à l'Opéra ; on y montait le *Prophète* et Meyerbeer pria Foucault de chercher le meilleur moyen de figurer un lever de soleil ; celui-ci, qui venait d'inventer son régulateur, en fit usage avec un grand succès. Duboscq, qui fut chargé peu après du service électrique de l'Opéra, y réalisa une multitude d'applications de l'éclairage électrique : imitation de la lune, de l'arc-en-ciel, fontaines lumineuses.

L'emploi de la lumière électrique dut, pendant longtemps, être limité à la réalisation de quelques effets scéniques, et ce n'est que lorsqu'on put compter sur un fonctionnement convenable des machines dynamo-électriques qu'il fut possible de songer à faire servir cette nouvelle forme de l'énergie à l'éclairage général des théâtres.

Le premier établissement français qui réalisa la substitution complète de l'électricité au gaz pour son éclairage, fut l'ancien Hippodrome : dès 1878 la transformation était réalisée. Cinq ans après, le grand foyer, le grand escalier, la salle et la rampe de l'Opéra recevaient 20 lampes à arc et 1,750 lampes à incandescence; en 1886 l'installation fut complétée. Peu à peu les avantages incontestables du nouveau mode d'éclairage assurèrent son application dans la plupart des salles de spectacle.

Les avantages de l'éclairage électrique sont particulièrement évidents dans un théâtre : absence de fumée nuisible à la conservation des peintures; pas de viciation de l'air, ni dégagement excessif de chaleur.

Au point de vue des dangers d'incendie l'éclairage électrique possède, d'ailleurs, une plus grande sécurité que l'éclairage au gaz : *mais à la condition que l'installation soit réalisée avec le plus grand soin* en s'inspirant des indications d'un technicien compétent.

Sous réserve de l'observation des prescriptions convenables on peut affirmer que l'éclairage par l'électricité est celui qui présente les qualités les plus intéressantes et que son emploi au théâtre est, en l'état actuel de l'industrie, le seul à préconiser.

§ II. — *Conditions d'installation de la lumière électrique.*

Nous allons examiner, en nous inspirant des intéressantes communications faites au Congrès, par MM. Meyer, ingénieur-électricien, Leblanc, chef du service des installations à la Compagnie Edison, Mornat, constructeur-électricien, etc., les conditions qu'il paraît convenable d'observer en vue de réaliser l'éclairage rationnel d'une salle de spectacle.

(*a*) *Valeur de l'éclairement à assurer.* — Tout d'abord, examinons quelques considérations d'ordre général touchant l'éclairement des locaux fermés.

Lorsqu'il s'agit d'une salle de quelque importance, comme c'est toujours le cas pour un théâtre, les dispositions architecturales imposent, le plus souvent, l'emplacement des foyers lumineux; cette sujétion a généralement pour conséquence de nuire à l'uniformité de l'éclairement. Quoi qu'il en soit, on détermine l'importance et le nombre des foyers en vue de la réalisation d'un minimum d'éclairement.

La valeur à assurer à l'éclairement d'une salle de spectacle est d'ailleurs extrêmement variable suivant son affectation.

C'est ainsi que sur la scène du Châtelet elle dépasse souvent 60 lux pour certaines féeries.

Dans la salle du théâtre Sarah-Bernhardt on compte un éclairement variant de 25 à 30 lux.

A l'Odéon de Munich, l'éclairement de la salle varie de 19 à 7 lux 6; dans la galerie il ne descend pas au-dessous de 8 lux.

Pratiquement, on n'envisage pas la valeur exacte de l'éclairement proprement dit; on admet, pour simplifier, un coefficient d'installation de *tant de bougies par mètre cube ou mètre superficiel* à éclairer; ce coefficient est d'ailleurs extrêmement variable suivant les auteurs : M. Leblanc, dans sa communication au Congrès, indique que, pour l'installation d'éclairage d'un théâtre il convient de prendre 0,75 bougies par mètre cube pour la salle, 4 bougies par mètre cube pour la scène ou mieux 15 bougies par mètre carré. Il fournit d'ailleurs un tableau des caractéristiques principales d'éclairement de divers théâtres. Nous reproduisons ci-après ce tableau :

Tableau de la puissance d'éclairage de diverses salles de spectacle.

INDICATION DES ÉTABLISSEMENTS	FOYER		SALLE		SCÈNE		COULOIRS (Service)		COULORS (Salle)	
	NOMBRE DE BOUGIES PAR UNITÉ		NOMBRE DE BOUGIES PAR UNITÉ		NOMBRE DE BOUGIES PAR UNITÉ		NOMBRE DE BOUGIES PAR UNITÉ		NOMBRE DE BOUGIES PAR UNITÉ	
	de surface	de volume	de surface	de volume	de surface	de volume	de surface	de volume	de surface	de volume
Opéra — Éclairage ordinaire	11,3	0,94	13,4	0,67	53,4	3,34	0,28	0,06	0,88	0,30
Opéra — Éclairage des premières	»	»	26,1	1,3	»	»	»	»	»	»
Opéra — Grand escalier	13,3	0,53	»	»	»	»	»	»	»	»
Comédie-Française	»	»	9,2	0,61	63,3	7,9	»	»	»	»
Odéon — Sans les girandoles	»	»	12,5	0,76	44,4	4,27	»	»	»	»
Odéon — Avec girandoles	»	»	15,6	0,94	»	»	»	»	»	»
Vaudeville	»	»	10,4	0,69	73,8	10,5	»	»	»	»
Nouveautés	»	»	10,2	1,52	26,5	3,12	»	»	4,3	1,26
Palais-Royal — Sans girandoles	»	»	12,2	1,22	33,1	3,67	»	»	»	»
Palais-Royal — Avec girandoles	»	»	17,74	1,77	»	»	»	»	»	»
Palais de l'Élysée — Salle des fêtes	»	»	18	1,4	»	»	»	»	»	»
Palais de l'Élysée — Jardin d'hiver	»	»	15,2	2,2	»	»	»	»	»	»
Moulin-Rouge (Salle de bal) — Éclairage ordinres	»	»	8,9	1,4	»	»	»	»	»	»
Moulin-Rouge (Salle de bal) — Éclairage des fêtes	»	»	13,7	2,3	»	»	»	»	»	»
Moulin-Rouge (Salle de bal) — Péristyle	5,5	»	»	»	»	»	»	»	»	»

(b) *Influence de la couleur.* — Ces derniers coefficients évidemment sont intéressants, car ils fournissent à l'ingénieur la puissance instantanée d'éclairage dont il convient d'étudier la répartition au mieux de l'uniformité d'éclairement.

Mais nous croyons qu'on ne saurait les interpréter sans s'inspirer au préalable de certaines considérations d'ordre physique et physiologique très judicieusement mises en évidence dans la revue *Progressive Age* :

« On confond souvent l'intensité d'une source lumineuse avec l'illumination qu'elle produit, malgré les différences profondes existant entre la cause et l'effet. On sait que pour, des comparaisons de foyers lumineux de qualité égale, la comparaison des intensités lumineuses ne présente aucune difficulté; mais il n'en est plus de même dès qu'intervient la couleur, c'est-à-dire la longueur d'onde. Lorsque l'énergie chimique produite par une combustion est transformée en radiations, les proportions relatives des radiations thermiques et lumineuses varient dans de grandes proportions. Lorsque la température s'élève et que les ondes relativement courtes prédominent, il n'y a pas de luminosité dans l'ultra-violet, très peu dans le violet et le bleu, beaucoup dans le jaune.

« Le rouge a une longueur d'onde très étendue et une faible fréquence; aussi est-il difficile de comparer la flamme jaune d'une bougie avec une flamme bleue et une flamme rouge.

« Il devient également difficile de distinguer les valeurs de couleurs de sources lumineuses de teintes différentes. Il suffit, pour s'en convaincre, de regarder une étoffe jaune successivement avec la lumière violette d'un arc, la lumière verte d'un ancien manchon Auer, la lumière jaunâtre d'un bec de gaz ou la lumière rougeâtre d'une lampe à huile.

« La quantité de lumière réfléchie par l'objet éclairé dépendra, à la fois, de sa surface et de la couleur de la lumière, une surface donnée réfléchissant une teinte lumineuse mieux qu'une autre. La surface est jaune parce qu'elle absorbe toutes les radiations, sauf les radiations jaunes ou celles qu'elle transforme en radiations d'une longueur d'onde égale; il est donc inutile de l'éclairer avec une lumière violette.

« Une salle de théâtre, tapissée de couleurs de haute fréquence, devra donc être éclairée, autant que possible, par une lumière dont la teinte est du même ordre de fréquence; son éclairage sera, dès lors, harmonieux et semblera émaner des tentures mêmes. On voit ainsi que le sentiment et le bon goût doivent présider à la combinaison mutuelle des sources de lumière et de la nature des surfaces à éclairer. »

Donc à la question : Quelle est la meilleure teinte de lumière? la réponse doit être : Quel est le caractère des surfaces à éclairer? et non pas seulement : Quels sont la surface et le volume correspondants? comme on le fait le plus souvent.

C'est seulement après qu'intervient la question de l'espace à éclairer : c'est sa valeur qui détermine, en tenant compte des besoins particuliers de chaque localité et du pouvoir réfléchissant des parois, le nombre, l'intensité et la répartition des foyers lumineux.

(c) *Importance de l'éclairement à réserver aux diverses localités d'un théâtre.* — Examinons maintenant le degré d'éclairement à assurer aux diverses parties d'un théâtre.

D'après M. Meyer, les *vestibules d'entrée, les escaliers* et *couloirs de la salle* doivent être pourvus d'un éclairage assez doux de manière que le spectateur ne soit pas ébloui avant de pénétrer dans la salle.

Ces conditions sont aisément réalisées par l'électricité au moyen de plafonniers plus ou moins artistiques qui peuvent être garnis de lampes d'intensité déterminée; mais malheureusement, dans tous les théâtres dont la construction remonte à plus de dix ans, et c'est évidemment le plus grand nombre, on s'est trouvé, au moment de l'installation de l'éclairage électrique, en présence d'une installation à gaz comportant bras, appliques, lustres que l'on a cherché à utiliser et auxquels on s'est généralement contenté d'adapter des lampes à incandescence.

Cette solution est souvent défectueuse tant au point de vue de l'éclairement que des facilités de dégagement : il serait donc intéressant de voir disparaître, des couloirs étroits de bon nombre de théâtres, certains appareils placés en applique le long des murs, car ils constituent un véritable obstacle à la circulation des auditeurs.

L'éclairage des foyers du public demande, au contraire, à être très brillant, car il importe de mettre en valeur la décoration des locaux et les toilettes des spectatrices. Cette condition est généralement réalisée par des lustres dotés d'un important luminaire et complétés par des cristaux destinés à produire spécialement l'effet d'illumination. Dans certains théâtres nouvellement édifiés on trouve des lustres très intéressants à ce point de vue.

Dans les *loges d'artistes* l'éclairage doit permettre à l'acteur de se grimer et de se voir dans la glace éclairé de la même façon qu'il le sera devant le public ; à cet effet on emploiera avec avantage des lampes à mouvement de genouillère, encadrant la figure et munies de réflecteurs disposés de telle façon que la lampe elle-même ne soit pas reflétée dans la glace.

Quant aux bureaux d'administration du théâtre leur éclairage ne présente rien de particulier par rapport à des bureaux ordinaires.

(d) *Éclairage de la salle.* — Dans son mémoire, M. Meyer indique que l'intérieur d'une salle de théâtre doit, pendant les entr'actes, être éclairé d'une façon brillante et gaie ; pendant le jeu cet éclairage doit, au contraire, être discret afin de ne pas atténuer celui de la scène où se porte l'attention du public ; en aucun cas, d'ailleurs, l'œil du spectateur ne doit être influencé par l'éclat des foyers situés dans le champ visuel correspondant à la scène.

Le gaz a rarement permis de réaliser ce programme ; si l'on emploie des lustres, il est nécessaire qu'ils se trouvent placés à une distance suffisante au-dessous du plafond pour éviter l'échauffement, mais alors ils gênent les spectateurs des galeries supérieures ; il en est de même pour les girandoles ou appliques.

La solution d'éclairage par plafonds lumineux que l'on a cherché à réaliser à Paris, en particulier dans les théâtres du Châtelet et des Nations, n'a pas donné non plus de bons résultats : outre que l'éclairement de la salle était insuffisant, il se dégageait une impression désagréable due à l'absence de cette sensation d'illumination que ne peuvent évidemment donner des foyers dissimulés à la vue du public.

Avec l'emploi de l'électricité le problème de l'éclairage de la salle est plus facile à résoudre. C'est ainsi qu'il est possible d'employer des lustres, car rien n'empêche d'appliquer ceux-ci contre le plafond ; ils ne gênent ainsi la vue d'aucun spectateur. Les formes à donner à ces appareils peuvent être variées à l'infini; celle qui se recommande particulièrement est celle tronconique (lustres culot), dont des applications assez heureuses ont été faites dans maints théâtres de Paris,

Nous reconnaissons cependant que la question du maintien ou de la suppression des lustres dans la salle est assez controversée; à ce sujet, nous signalerons un passage intéressant du rapport présenté au Congrès par M. Leblanc, ingénieur de la Compagnie Edison :

« L'emploi de grands lustres suspendus au-dessus de la tête des spectateurs, avec tous leurs cristaux et accessoires de décoration, est un danger permanent.

« Le grand lustre dans une salle est aussi un inconvénient pour les galeries hautes, et il nous semble que, pour les salles nouvelles, on aurait tout avantage à supprimer ces gros appareils dont la manœuvre effraye le personnel des théâtres, ce qui explique peut-être l'état de malpropreté dans lequel ils se trouvent le plus souvent. »

Les observations de M. Leblanc nous semblent devoir attirer l'attention des membres du Congrès : leur prise en considération aurait, semble-t-il, pour corollaire de légitimer l'emploi de lustres culots, très peu volumineux ou plutôt l'adoption, pour l'éclairage de la salle, de couronnes ou guirlandes de lampes à incandescence appliquées au plafond, ainsi qu'il a été fait d'ailleurs avec quelque succès dans la salle du Châtelet.

(e) *Éclairage de la scène.* — M. Meyer a très judicieusement précisé les desiderata relatifs à l'éclairage de la scène d'un théâtre.

« Cet éclairage, dit-il, doit répondre à un grand nombre de besoins : l'acteur doit, sans être ébloui, être éclairé d'une façon assez intense pour que le spectateur puisse suivre ses jeux de physionomie; le décor, à son tour, doit pouvoir être éclairé en recevant de la lumière de toutes les directions. Il convient enfin que l'éclairage puisse être donné en plusieurs couleurs pour réaliser les divers effets exigés par la mise en scène : lever ou coucher du soleil, clair de lune. »

Dans sa communication au Congrès, M. Leblanc insiste en outre sur la nécessité d'établir, suivant un programme très large, les appareils destinés à l'éclairage de la scène.

Les appareils d'éclairage actuellement employés sont comme l'on sait :

1° *Les herses* envoyant la lumière de la partie haute de la scène;
2° *La rampe* d'avant-scène;
3° *Les portants* éclairant les côtés;
4° *Les traînées* éclairant les parties basses;
5° *Les projecteurs*;
6° Les *accessoires* divers.

Les *herses* sont disposées à raison d'une par plan de la scène ; dans le sens vertical, elles peuvent être déplacées suivant les besoins; dans le sens horizontal, leur position est fixe. Elles doivent comporter un réflecteur dont la courbe soit étudiée convenablement; mais une difficulté se présente dès que ces herses doivent donner des éclairages de couleurs variées. Il est à craindre, en effet, que les lampes de couleur, lorsqu'elles ne sont pas allumées, forment autant d'écrans interceptant les rayons lumineux des lampes blanches; c'est ce qui arrive fatalement si toutes les lampes, blanches et de couleur, sont disposées côte à côte dans le même réflecteur. On a cherché à éviter cet inconvénient en séparant les lampes par des cloisons; mais ces cloisons contrarient la diffusion de la lumière et produisent une sorte de quadrillage ombré sur les rideaux.

M. Meyer signale les avantages procurés par des herses à plusieurs effets appliquées dans quelques théâtres parisiens; celles-ci comportent deux réflecteurs : l'un pour les lampes blanches, l'autre pour les lampes de couleur; le résultat ainsi obtenu est satisfaisant ainsi qu'on peut le constater par exemple à l'Opéra-Comique, au Châtelet, à la Gaîté, au théâtre Sarah-Bernardt, etc.

Les herses devant comporter plusieurs colorations de feu, il en résulte une complication dans l'alimentation qui entraîne la multiplicité des connexions.

M. Leblanc signale à ce sujet la disposition adoptée par la Compagnie générale Edison. Cette Compagnie assure l'alimentation des lampes au moyen de barres maintenues dans des rainures pratiquées dans le socle et servant de support à l'appareil.

Chaque barre dessert un circuit de couleur; le support de la lampe est constitué par une douille en laiton fileté qui est fixée à l'une ou l'autre des barres et représente un des pôles. Le courant est pris, d'autre part, par le culot de la lampe qui touche par le fond à une autre barre faisant pôle commun pour tous les allumages.

En dehors de son rendement lumineux, une herse doit satisfaire à d'autres qualités : elle doit être peu volumineuse afin de ne pas trop encombrer le cintre; elle doit être légère pour que sa manœuvre soit aisée; robuste pour résister aux chocs auxquels elle est exposée; enfin elle doit être rigide pour éviter un trop grand nombre de points d'attache.

Les cordes de suspension doivent être disposées de telle sorte qu'aucune traction ne puisse s'exercer sur les conducteurs électriques.

Rampe d'avant-scène. — La rampe d'avant-scène est disposée à l'aplomb du mur du proscenium dont elle suit la courbe. Elle est destinée à éclairer les acteurs et la partie basse des premiers plans.

Son réflecteur doit être disposé de telle façon qu'il éclaire bien l'acteur lors même que celui-ci se trouverait légèrement éloigné de la rampe : il faut surtout qu'il cache absolument les lampes à l'œil des spectateurs; la hauteur du réflecteur doit donc être la plus réduite possible; comme pour les herses, il importe d'éviter le mélange, sur un même plan, de lampes de couleurs différentes.

M. Leblanc rappelle qu'à l'Opéra la Compagnie Edison a constitué une rampe dont les lampes sont disposées debout sur un socle en bois formant un certain angle avec le plancher de scène.

Les lampes, en trois couleurs, sont placées sur les angles d'un triangle équilatéral; la rampe suit la courbe faite par l'avant-scène, ce qui a été convenablement obtenu en constituant d'abord un cadre en fer en V, cintré à la demande; ce cadre reçoit alors des lames de bois qui forment le socle de la rampe.

Mais, quoi qu'il en soit, dans les théâtres où le proscenium a une saillie importante, et c'est le cas le plus fréquent, dès que l'acteur vient se placer en avant du cadre d'avant-scène, il est mal éclairé; en effet, la tendance actuelle, qui est d'ailleurs très rationnelle, à notre avis, consiste, dès que le rideau est levé, à mettre la salle dans une obscurité relative afin de mettre la scène en valeur; dans ces conditions l'acteur est éclairé exclusivement par la rampe qui produit, sur son visage, des effets de clair-obscur très désagréables. Il est dès lors indispensable, pour qu'il soit convenablement éclairé, qu'il reste toujours en arrière du cadre de scène; cette raison est, entre autres, une de celles qui, de l'avis de M. Meyer, militent en faveur de la suppression du proscenium.

Nous signalerons une disposition heureuse réalisée récemment au théâtre Sarah-Bernhardt pour l'installation de la rampe. Au lieu de placer celle-ci directement sur le plancher de scène on l'a descendue au-dessous de ce point d'environ 20 centimètres et l'on a arrêté le plancher à 0m80 environ en avant de la rampe; le point bas de la rampe et le plancher ont été raccordés par un plan incliné. Le résultat obtenu par cette disposition est double : d'une part, l'œil du spectateur n'est pas gêné par le dossier de la rampe; d'autre part, l'acteur est naturellement porté à se maintenir en arrière du plan incliné, c'est-à-dire à une distance convenable de la rampe pour être bien éclairé.

Pour compléter l'éclairage du premier plan on a souvent cherché à fixer des lampes sur la face interne du cadre de scène; mais cette installation, qui pourrait donner d'excellents résultats, est la plupart du temps rendue impossible par la construction elle-même et, en général, par le rideau de fer. M. Meyer, à ce propos, serait d'avis que l'on réservât désormais, dans l'épaisseur du mur, un logement pour ces lampes de complément.

Les *portants* sont destinés à éclairer les côtés de la scène : ils peuvent se placer en un point quelconque et se fixent le long des décors ou des mâts; les lampes sont disposées les unes au dessus des autres. Ces appareils peuvent être utilisés pour éclairer horizontalement les parties basses des décors : ils prennent alors le nom de *traînées*.

Les prises de courant des portants avec des câbles souples qui y aboutissent devant disparaître dans les dessous, leurs dimensions doivent être aussi réduites que possible.

A l'Opéra elles sont faites de trois contacts disposés à la périphérie d'un bloc et d'un contact commun au centre.

A l'Opéra-Comique elles sont faites de trois tubes concentriques disposés en retrait.

Les *réflecteurs* sont des portants dont les lampes sont disposées les unes à côté des autres pour éclairer horizontalement.

Les *projecteurs* sont destinés aux effets spéciaux de clair de lune, éclairage intensif de points déterminés, éclairage de ballets, etc.; ils utilisent la lumière produite par l'arc voltaïque.

Dans un grand nombre de cas, on se contente de produire à la main le rapprochement des charbons entre lesquels jaillit l'arc; mais ce système, qui est très simple, demande, pour être exempt de dangers, à être mis entre des mains exercées.

On réalise, depuis quelque temps, des projecteurs avec régulateur automatique comportant, à l'intérieur d'un coffre, tous les organes nécessaires au fonctionnement; la conduite de ces appareils est dès lors très simple et à l'abri des dangers d'incendie.

Le service des projections est généralement fait soit à la hauteur du 1er service, soit au niveau de la scène, à chaque plan du théâtre.

M. Leblanc estime que les rhéostats de réglage des lampes doivent être groupés pour en faciliter la surveillance ; ils doivent en outre être placés dans les conditions d'isolement et d'aération que l'on doit prendre pour des appareils dont la température en condition de marche est souvent élevée.

§ III. — *Jeux d'orgue.*

L'électricité se prête éminemment à la production d'effets de scène et surtout d'effets basés sur des allumages ou extinctions brusques ou progressifs d'un grand nombre de lampes ; c'est grâce à cette facilité d'emploi que l'on a pris l'habitude, dans un grand nombre de théâtres, de faire des changements de décors sans baisser le rideau, en éteignant subitement toutes les lampes de la salle et de la scène : pour obtenir un résultat plus complet et empêcher le spectateur de se rendre compte de ce qui se passe sur la scène on l'éblouit momentanément au moyen de quelques lampes munies de réflecteurs qui s'allument en même temps que les autres s'éteignent.

Or l'électricité se prête éminemment à ces combinaisons ; par contre elle permet moins facilement que le gaz les variations progressives de l'intensité lumineuse.

Pour obtenir ce dernier résultat on a été conduit à l'emploi de résistances passives qui, si l'on veut faire baisser la lumière, s'intercalent sur le circuit des lampes correspondantes, diminuant l'intensité du courant et par suite l'intensité des lampes ; le système généralement employé jusqu'ici pour introduire progressivement ces résistances en circuit ou les en retirer, consiste à les diviser en un certain nombre de fractions dont les extrémités sont reliées à des touches de commutateurs spéciaux ; mais, comme il existe toujours une différence de potentiel entre deux touches voisines du commutateur, quel que soit le nombre de ces touches, il s'ensuit qu'à chaque passage d'une touche à l'autre la force électro-motrice aux bornes des lampes varie d'une façon sensible et, par suite, l'intensité lumineuse est soumise à des variations saccadées. On a donc cherché à réaliser la suppression absolue de ces saccades ; il faut reconnaître que le problème est maintenant résolu par certains modèles de jeux d'orgue tels celui que MM. Mornat et Langlois ont réalisé pour l'Opéra et ceux construits par la Compagnie d'éclairage et de force à destination du Châtelet, de la Gaîté, de l'Opéra-Comique, du théâtre Sarah-Bernhardt, etc., etc.

Dans son mémoire au Congrès, M. Leblanc a décrit ainsi le jeu d'orgue de l'Opéra :

« Dans cet appareil les trois couleurs bleue, blanche et rouge sont très distinctement séparées en trois tableaux doubles se faisant vis-à-vis composés :

« 1° Du tableau de manœuvre des rhéostats :

« 2° Du tableau des circuits.

« Les rhéostats sont disposés en dessous de ces tableaux. Ils sont formés en fil de maillechort, mais l'originalité consiste en ce que les connexions multiples faites sur les fils du rhéostat sont réduites au minimum parce que le rhéostat est relié de suite à un bloc formé de lames isolées, dans le genre d'un collecteur ; ce bloc fait corps avec le rhéostat.

« Le courant est pris à différents points au moyen d'un frotteur qui, par un système de renvois, est commandé du tableau même situé à l'étage supérieur. Une règle divisée permet à l'électricien de prendre des repères et de connaître, à tout instant, la position des frotteurs ; des lampes témoins lui permettent d'apprécier les effets obtenus.

« Ce jeu d'orgue peut être actionné à la main ou embrayé sur un moteur électrique ; cette ressource est évidemment une garantie, car le fonctionnement n'est pas à la merci d'un mauvais contact ou d'un fil coupé dans les connexions du moteur ; d'autre part, on peut toujours ainsi, pour le réglage de la lumière, ramener immédiatement au point voulu le rhéostat et modifier de suite un effet.

« Quant aux tableaux, qui résument les départs de tous les circuits, ils comportent tous les appareils de sûreté : coupe-circuits et interrupteurs ; ces derniers sont à double direction ; la première direction met les appareils en communication avec les rhéostats ; l'autre relie directement les circuits.

« Une seconde combinaison permet d'isoler ou de rendre solidaires un ensemble de circuits au moyen de la manœuvre d'un interrupteur général. »

M. Clémançon a fait aussi breveter un système de jeu d'orgue dont des applications heureuses ont été successivement réalisées dans divers théâtres parisiens : Opéra-Comique, Comédie-Française, Châtelet, Sarah-Bernhardt, etc., ainsi qu'au Maréorama de l'Exposition universelle.

Dans sa communication au Congrès, M. Meyer en décrit le principe :

« Le fil constituant la résistance (en général de ferro-nickel) est appliqué sur un tambour circulaire et cylindrique, en suivant à la surface de ce tambour le profil d'une vis à filets triangulaires. Ce tambour plonge d'une quantité très faible dans une nappe de mercure contenu dans une auge, de sorte que, si l'on anime le tambour d'un mouvement de rotation autour de son axe, les différents points du fil viennent plonger successivement dans le mercure.

« En prenant l'auge comme contact mobile le long du rhéostat, on voit qu'on pourra intercaler ce rhéostat dans le circuit d'une façon progressive et, conséquemment, obtenir une variation de lumière aussi bien graduée que possible.

« Si donc on dispose, sur chaque groupe de lampes fonctionnant toujours au même régime, un rhéostat de ce genre, et qu'on munisse chacun d'eux d'un appareil de manœuvre, on constitue un jeu d'orgue répondant aux divers besoins de la mise en scène.

« Ceci posé, après avoir déterminé le nombre des lampes à soumettre aux jeux d'intensité, il s'agit de les grouper par circuits tels que chacun d'eux devra être, au point de vue des effets, indépendant des autres, et, par suite, comporter un rhéostat et son appareil de commande ou manipulateur. Le nombre des circuits sera d'ailleurs d'autant plus grand que le théâtre demandera une mise en scène plus compliquée. Par exemple, on obtiendra une subdivision suffisante en répartissant les lampes de chaque herse sur 4 circuits, les lampes de la rampe sur 8 dont 4 pour chaque côté; les lampes des portants sur 18 ou 20 circuits et ainsi de suite. »

Comme il vient d'être expliqué, M. Clémançon utilise le mercure pour assurer le contact des rhéostats. M. Mornat, dans une communication au Congrès qui vient de nous être remise à l'ouverture de la séance, s'élève contre l'emploi de ce métal.

« Le mercure, écrit-il, se volatilise au contact de l'air, dégage une odeur malsaine et désagréable; de plus, lorsque les fils de maillechort trempent dans le mercure, il peut se produire des étincelles et très souvent des projections de mercure, ce qui est très dangereux.

« Le fil de maillechort, après avoir trempé un certain temps dans le mercure, finit par diminuer de section et même par se couper complètement; de là, rupture du fil et projection du mercure, etc. ».

M. Mornat repousse donc l'emploi de résistances liquides; il préconise « les résistances métalliques en fil argentan, le ferro-nickel devant, à son avis, être repoussé parce qu'il dégage trop de chaleur, ce qui modifie les conditions de résistance ».

Nous signalons cette opinion de M. Mornat, en regrettant que son intéressante communication, sur laquelle nous aurons à revenir plus loin, n'ait pu parvenir plus tôt à la 2e section du Congrès.

§ IV. — *Régime d'utilisation des lampes et répartition des circuits d'alimentation.*

Nous arrivons maintenant à l'une des questions qui nous apparaissent des plus intéressantes au point de vue de l'économie d'exploitation d'un théâtre. Quiconque s'est occupé d'éclairage public ou de l'éclairage de locaux importants sait combien il est indispensable d'adapter strictement le régime d'utilisation des appareils aux besoins des localités qu'ils desservent : le gaz se prêtait mal à la réalisation d'un régime normal d'utilisation à cause des sujétions qu'entraînaient l'allumage et l'extinction des brûleurs. Avec l'emploi de l'énergie électrique, le problème est singulièrement simplifié moyennant une étude raisonnée des circuits d'alimentation.

Il importe donc que l'ingénieur chargé de l'étude d'éclairage d'un théâtre se préoccupe de grouper les lampes projetées suivant des circuits ne comportant que des lampes soumises au même régime d'utilisation. A ce point de vue, M. Meyer signale qu'il est le plus souvent légitime de répartir l'ensemble des lampes d'un théâtre en trois catégories.

La première comprendra les lampes dont l'intensité lumineuse doit varier en raison des effets scéniques à réaliser. Cet éclairage comprend d'abord les lampes de la scène, c'est-à-dire la rampe, les herses, portants, traînées ; elle comprend, en outre, un certain nombre de lampes réparties dans la salle où elles participent à l'éclairage général, tout en modifiant leur éclat suivant les besoins.

Concourant aux mêmes effets, ces lampes doivent, par conséquent, être commandées d'un même point. Tous les appareils nécessaires sont donc rattachés à un tableau unique ou jeu d'orgue affecté à la réalisation des effets lumineux.

La deuxième catégorie comprend les lampes dont l'intensité lumineuse sera constante : lampes des vestibules, des couloirs, les lampes dites de service de la salle et de la scène ; celles de l'administration, des loges d'artistes et de la façade : elles seront alimentées par des canalisations partant directement du tableau général de distribution.

Les divers circuits constituant la deuxième catégorie peuvent en général être distingués ainsi :

Circuit A. — Lampes devant rester en service avant et après le spectacle et pendant la clôture (concierge, service d'administration.

Circuit B. — Loges d'artistes.

Circuit C. — Dit de service (salle et loges). Ce circuit comprend les lampes desservant les couloirs et escaliers des bâtiments, les loges, les magasins de costumes, d'accessoires, le foyer des artistes ; dans la salle il comprend quelques lampes pour le balayage ; de même il peut alimenter quelques lampes sur les lustres du grand foyer pour que, pendant le jeu, on puisse du jeu d'orgues éteindre le circuit du foyer, tout en lui laissant un peu d'éclairage.

Circuit D. — Dit de service de scène alimentant les lampes destinées au service de la scène et de ses dépendances.

Circuit E. — Desservant les lampes affectées à l'éclairage des couloirs, escaliers et complétant l'éclairage en partie assuré par le circuit de service. Les lampes de ce circuit peuvent ainsi n'être allumées qu'au dernier moment, un quart d'heure avant l'arrivée du public.

Circuit F. — Desservant les vestibules et les bureaux de location.

Enfin, la troisième catégorie comprend les lampes devant assurer l'éclairage de secours; il convient que celles-ci soient desservies par une source d'électricité indépendante de celle assurant le fonctionnement des lampes de première et de deuxième catégories.

La répartition des lampes de secours doit être étudiée avec le plus grand soin, pour toutes les parties du théâtre, salle, scène, service, dessous et dépendances, en vue de canaliser convenablement et rapidement la sortie du public en cas de sinistre.

Les circuits ne devraient présenter aucune coupure en cours de route, la canalisation et l'appareillage correspondants doivent être facilement reconnaissables au moyen de signes distinctifs bien apparents (inscriptions ou lampes de couleur).

La classification de l'éclairage du théâtre étant ainsi fixée, examinons successivement:

1° L'alimentation de l'installation

2° La disposition des circuits;

3° La canalisation et le matériel.

§ V. — *Alimentation de l'installation.*

Le mode le plus pratique est, évidemment, d'emprunter l'énergie électrique à une station centrale. On évite ainsi le souci de l'exploitation d'une usine spéciale, les chances d'incendie qui en peuvent résulter et l'encombrement des locaux du théâtre qui n'ont généralement pas été combinés pour cet objet.

Le genre de distribution de l'énergie employé par la station centrale mérite une attention particulière dans le cas de l'éclairage d'un théâtre. Les distributions à cinq fils ne conviennent généralement pas très bien : l'obligation d'équilibrer la charge des quatre ponts ne pouvant guère s'accommoder des nécessités de la mise en scène cette observation est particulièrement justifiée pour les théâtres à féeries, où le régime d'utilisation de l'éclairage de scène est soumis à des variations d'une amplitude et d'une fréquence extrêmes occasionnant des différences de débit considérables, qui se traduisent par des perturbations très marquées chez les divers abonnés du secteur. Le déséquilibrage des intensités desservies par les divers circuits offre, d'ailleurs, certains dangers : les câbles de distribution sont amenés à travailler très inégalement et certains d'entre eux, parcourus par un courant dont la densité dépasse la normale, peuvent être portés à une température dangereuse.

Sans doute, il est possible, par l'application de certains dispositifs (résistances de remplacement, moteurs compensateurs), de rendre la distribution générale d'un secteur à peu près indépendante des modifications du régime d'utilisation des lampes de ses abonnés; mais la réalisation de ces solutions se traduit toujours par des dépenses dont il convient de tenir compte. — La distribution à deux fils ou à trois fils paraît donc devoir être spécialement recommandée.

Le courant est généralement amené par le secteur à l'intérieur du théâtre, soit dans un poste de transformation, soit simplement à une grille. A partir de ce point il est conduit au tableau principal de distribution, puis, dans l'hypothèse de la répartition des circuits préconisée par M. Meyer, une partie de l'énergie est affectée à l'alimentation des divers circuits de l'éclairage de deuxième catégorie, l'autre partie est dirigée, par un branchement secondaire, sur le jeu d'orgue.

L'alimentation des lampes de secours est d'ailleurs assurée par un branchement spécial rattaché à un tableau de secours indépendant du tableau général. Deux circuits distincts doivent desservir les lampes de secours. Ces circuits sont disposés de telle sorte que pour chaque étage les lampes de sûreté voisines l'une de l'autre ne soient pas alimentées par le même circuit.

§ VI. — *Emplacement des tableaux de distribution et du jeu d'orgue.*

L'emplacement du tableau général peut être quelconque sous réserve que l'accès en sera facile; dans la plupart des théâtres il est situé dans les premier ou deuxième dessous.

Celui du tableau de secours doit être dans un local réservé, séparé de celui affecté au tableau général et d'un accès particulièrement commode. Enfin l'emplacement du jeu d'orgue, c'est-à-dire du panneau comportant l'ensemble des manipulateurs et appareils accessoires, est le plus souvent sur la scène même, au niveau du plancher contre le mur de scène et contre le cadre; cette situation permet à l'électricien de coordonner facilement les manœuvres de l'appareil avec les divers jeux de la scène. Cependant dans certains théâtres on a placé le jeu d'orgue sous la scène et suivant l'axe de celle-ci : une logette semblable au trou du souffleur permet à l'électricien de suivre le jeu. Il nous semble que cette disposition présente certains inconvénients résultant de ce que l'électricien ne doit pas commodément surveiller le réglage de la lumière et de ce qu'il ne voit pas ce qui se passe sur la scène tant que le rideau n'est pas levé.

Le choix de l'emplacement du jeu d'orgue pourrait faire ici l'objet d'une discussion intéressante.

§ VII. — *Disposition des circuits et canalisations.*

La disposition à donner aux circuits doit, autant que possible, être symétrique; cette condition, qu'il est généralement aisé de réaliser dans un théâtre, facilite singulièrement le service d'entretien et de vérification. C'est avec raison aussi que M. Leblanc recommande de placer des tableaux de subdivision, commandant l'éclairage de chaque étage; ces tableaux comportant les divers appareils de sûreté et de contrôle devant d'ailleurs être placés symétriquement et hors de la portée du public.

Dans sa communication au Congrès, M. Mornat signale l'utilité de « pourvoir chaque circuit principal d'un coupe-circuit à l'un des « pôles et d'un coupe-circuit magnétique de maximum à l'autre « pôle ».

Il insiste sur la nécessité d'aménager les tableaux de ditrisbution de façon que la vérification du débit de chaque circuit puisse être assurée à un moment quelconque. Il signale en outre l'utilité de disposer à chaque tableau secondaire des indicateurs d'échauffement qui correspondraient par une sonnerie d'alarme au poste principal.

Les diverses canalisations seront constituées par des câbles et fils isolés toujours pourvus d'une protection mécanique indépendante de leur couverture isolante; généralement elles sont placées dans des moulures en bois goudronnées ou gommelaquées.

M. Mornat, dans le rapport présenté au Congrès exprime l'opinion que tous les câbles et principaux fils de dérivation devraient être montés sur des isolateurs en porcelaine, marbre ou autre matière isolante et incombustible; il propose en outre que les circuits soient isolés le plus possible des murs et à 20 centimètres de toute canalisation de gaz et d'eau, cette dernière précaution ayant pour but d'éviter les phénomènes d'électrolyse.

La traversée des murs devra comporter un fourreau protecteur ne présentant aucune discontinuité; en cas d'utilisation de fourreaux métalliques, les câbles devront être entourés d'un tube en caoutchouc ou toute autre substance isolante. Les dérivations principales alimenteront les différentes lampes par l'intermédiaire de dérivations secondaires protégées par des coupe-circuits. Tous les câbles et fils seront en cuivre étamé d'une conductibilité au moins égale à 90 0/0 de celle du cuivre pur. Leur section sera toujours déterminée par la condition que la perte de charge du tableau général de distribution à la lampe la plus éloignée n'excède pas 2 volts.

Il est bon, en outre, d'exiger que cette section soit suffisante pour que le passage d'un courant accidentel deux fois plus dense que le courant normal ne puisse déterminer un échauffement supérieur à 40°.

On n'emploiera aucun conducteur dont l'âme serait formée d'un fil unique d'un diamètre inférieur à 9/10 de millimètre. En général on peut espérer qu'un isolement satisfaisant des conducteurs sera fourni par l'application, autour de l'âme métallique d'une couche de caoutchouc pur, deux couches de caoutchouc vulcanisé et deux rubans caoutchoutés.

Il y a lieu surtout d'apporter la plus grande attention aux installations volantes ou provisoires qui sont demandées sur la scène pour production d'effets divers : bien souvent ces installations doivent être faites très rapidement et, malgré la bonne volonté des ouvriers, si ceux-ci ne sont pas dirigés par un chef prévoyant et expérimenté, des erreurs peuvent être commises qui peuvent amener de graves conséquences. Les conducteurs employés dans les installations mobiles doivent être protégés mécaniquement contre les chocs; les câbles souples réunissant les canalisations fixes aux appareils mobiles, herses, portants, traînées, projecteurs, accessoires, doivent être garnis de cuir sur toute leur longueur; on a utilisé, pour protéger ces câbles, des gaines métalliques souples, mais une protection de ce genre est souvent plus nuisible qu'utile.

Les raccords entre les câbles souples et les appareils doivent être établis de telle façon qu'une simple traction ne soit pas suffisante pour détruire la connexion.

M. Mornat insiste tout spécialement sur la nécessité d'assurer le contact parfait des vis ou boutons des coupe-circuits : il signale dans sa communication que les vices de contact se traduisent généralement par un échauffement anormal des fils pouvant amener l'inflammation des enveloppes et des parois adjacentes.

M. Mornat fait en outre observer qu'il arrive parfois, si le défaut de contact n'est pas connu, que par suite de l'échauffement et du refroidissement simultanés du câble par suite de l'allumage et de l'extinction des circuits, le fil finira par se rompre à un endroit : cette rupture peut alors produire un arc, source d'incendie.

En dehors des conditions de la technique électrique, il y aurait sans doute un intérêt marqué à assurer aux canalisations d'éclairage d'un théâtre, une protection mécanique suffisante contre l'incendie. Ce desideratum semble surtout s'imposer pour les fils desservant l'éclairage de secours. Voici d'ailleurs l'opinion exprimée par M. Leblanc dans le rapport présenté au Congrès :

« L'idéal d'une canalisation d'éclairage serait l'incombustibilité.

« Actuellement les moulures employées comme conduits pour les câbles et les isolants dont on se sert pour les canalisations d'éclairage électrique peuvent être rapidement détruites par le feu.

« La fumée épaisse produite par la combustion des boiseries et des isolants est aussi redoutable, dans un cas d'incendie, que le feu lui-même; elle est aveuglante, provoque la suffocation et augmente l'affolement.

« Ne pourrait-on pas rendre les isolants incombustibles sans altérer leurs qualités primordiales ?

« Cependant il nous semble que l'on pourrait ménager dans la maçonnerie même du bâtiment ou entre plancher et plafond, comme on le fait d'ailleurs pour le chauffage ou l'aération, des conduits ou caniveaux qui recevraient la canalisation d'éclairage. Cette canalisation serait complétée par d'autres conduits plus petits, sortes de fourreaux noyés dans les plâtres, ou passant dans les espaces vides des corniches, ou autres motifs de décoration.

« Les conducteurs auraient de ce fait l'avantage de ne pas être en contact avec le foyer d'incendie et l'isolant en caoutchouc, enduit de paraffine et ainsi protégé, ne viendrait pas augmenter, par sa propre combustion, l'intensité du feu et de la fumée. En tout cas, la canalisation protégée de la sorte continuerait plus longtemps l'alimentation de l'éclairage et ne serait pas mise de suite hors service par des courts-circuits provenant de la destruction des isolants.

« Comme suite à ce système de protection, les tableaux qui comportent les divers accessoires de sûreté ou de connexions tels que coupe-circuits, interrupteurs etc. devraient être également incombustibles et enfermés dans des coffrets en fonte scellés dans la maçonnerie. »

Toutes ces observations de M. Leblanc nous apparaissent comme très judicieuses et il est à souhaiter que dans la construction des nouvelles salles de spectacle, l'architecte et l'ingénieur combinent leurs études en vue de la réalisation de ces desiderata si intéressants pour la sécurité du public.

Pour les salles existantes, nous concevons aisément que l'exécution de ces mesures protectrices n'irait pas sans difficultés en raison des dépenses complémentaires qu'elles entraîneraient; mais il semble que sa limitation aux canalisations desservant l'éclairage de secours ne saurait légitimer aucune opposition.

Enfin, quels qu'aient été les soins apportés dans la réalisation d'une installation électrique, il est de la plus haute importance qu'un contrôle soutenu soit exercé sur la situation de l'installation au point de vue de l'isolement de chacun des circuits qui la composent.

IIe PARTIE. — MACHINERIE. — DÉCORS

Chapitre Ier. — Machinerie.

Les quelques rapports, en nombre malheureusement très restreint, qui nous ont été communiqués sur la machinerie, par MM. les adhérents au Congrès, tendent à des conclusions bien différentes les unes des autres.

Rapport de M. Colombier.

M. Colombier, chef machiniste du théâtre du Châtelet, conclut au maintien du système français de machinerie sous réserve de modifications de détail que nous étudierons plus loin; les autres, comme celui de M. Oller et celui de MM. Giuletti et Rochard, préconisent la transformation presque radicale du système actuel et son remplacement par des systèmes à manœuvre mécanique.

1° *Construction d'une scène du système actuel.* — En première ligne

M. Colombier demande que, lorsqu'il s'agit de construire un théâtre, on prenne conseil de machinistes afin d'éviter les déboires qu'ont amenés souvent des dispositions de scène irraisonnées.

A titre de premier renseignement il donne la règle suivante :

« Etantdonnée une ouverture de cadre de 10 mètres qui marque les « levées, cour et jardin; de ces levées, il faut 5 mètres de chaque « côté en plus afin de pouvoir cacher le plancher mobile sous le « plancher fixe. Là seulement doit être l'aplomb des corridors du « cintre qui, eux, doivent avoir au moins 2^m50 afin de pouvoir faire « dessous les cases à décors et 0^m80 encore pour établir les chemi-« nées indispensables aux contrepoids qui servent aux manœuvres « des fermes, rideaux, tapis, planchers de praticables, herses, « etc., etc. »

M. Colombier pose donc comme principe fondamental que la scène doit être large et surtout très large à la face, mais qu'il faut éviter de tomber dans l'erreur de faire un cadre large sans dégagements suffisants pour les entrées et sorties des artistes de la figuration et le service des machinistes.

L'avantage d'une scène large est que les plafonds sont plus grands, que l'on masque mieux les découvertes et que l'on évite aux châssis les voussures qui les rendent lourds et dispendieux à construire.

La profondeur de la scène est beaucoup moins intéressante que la largeur, sauf dans les théâtres de féeries; les décorateurs arrivent en effet, au moyen de la perspective à donner l'illusion de la profondeur.

En ce qui concerne les détails de construction, M. Colombier recommande : 1° que les deux murs des côtés de la scène soient rigoureusement d'aplomb, car c'est là que se déplacent les contrepoids aidant aux manœuvres; 2° que les parpaings ou dés recevant les semelles qui supportent les poteaux de la scène soient tous parfaitement au même niveau. Il indique, comme pente du plancher de scène à adopter, généralement quatre centimètres par mètre; comme distance du premier dessous au plancher, deux mètres afin qu'un homme de taille moyenne puisse y manœuvrer les leviers et les rouleaux destinés à l'ouverture d'un tiroir. Le plancher du deuxième dessous doit être horizontal; il est muni de treuils; le troisième dessous est muni de tambours pour la manœuvre de bâtis, fermes, etc., etc. En ce qui concerne les cintres, le premier service a la même pente que le plancher de scène, le deuxième service est horizontal et muni de treuils; le troisième service est également horizontal et muni de tambours. Le gril est horizontal et supporté par les deux murs de côté et le mur du fond; son plancher est constitué par des planches posées perpendiculairement au mur du lointain avec un vide de 4 centimètres entre elles; la pose de ces planches doit être commencée à partir de l'axe de la scène, à 2 centimètres de chaque côté de cet axe.

Matériaux à employer. — En ce qui concerne les matériaux à employer, M. Colombier préconise le remplacement du bois par le fer, sauf pour quelques parties.

Les inconvénients du bois sont : 1° les dangers d'incendie; 2° le grand nombre de points d'appui dans les dessous, ce qui occasionne l'encombrement de ces dessous; 3° le peu de rigidité des chapeaux de fermes qui constitue un véritable danger lorsque plusieurs plans sont ouverts à la fois.

Tous ces inconvénients disparaissent avec l'emploi du fer.

Il préconise donc l'emploi du fer pour toutes les charpentes, les combles, les dessous, les corridors du cintre, le gril et le petit gril; les jumelles ou chaises du tambour, les lames des mâts, les chariots volants, les cassettes, les leviers des trappes, les moufles, les sabots, etc., etc.; en particulier, il préconise l'emploi d'un moufle en fonte avec galets en bronze.

Le bois dur serait encore employé pour les chapeaux de ferme, les queues de morue et les tasseaux qui forment feuillures et costières; les lisses des dessous et des corridors du cintre; les rouleaux et les chevilles, etc., etc.

Le bois tendre serait employé pour les planchers de scène, des cintres, du gril; pour les cheminées, les douves de tambour, les châssis.

Nous signalerons que la substitution du fer au bois pour certaines parties de la machinerie est également préconisée par M. Vallenot, chef machiniste de l'Opéra, qui a été chargé, d'entente avec M. Guadet, de l'organisation de la machinerie scénique de la nouvelle scène de la Comédie-Française.

Fils, commandes. — Le métal doit également être utilisé pour remplacer le chanvre dans la fabrication des câbles utilisés au théâtre. En effet, les câbles métalliques ont une résistance beaucoup plus grande que ceux en chanvre; ils ne sont pas sensibles comme ceux-ci aux variations de la température et de l'état hygrométrique de l'air; ils s'usent beaucoup moins rapidement et permettent d'établir des équipes d'une façon beaucoup plus juste et invariable.

Après avoir analysé le rapport de M. Colombier sur la construction d'une scène du système actuel, passons à l'examen des systèmes nouveaux sur lesquels, malheureusement, les communications ont été très succinctes.

Rapport de M. Oller.

M. Oller donne comme exemple du système préconisé :

1° L'installation de la piste du Nouveau-Cirque qui est, d'après sa note, un « immense ascenseur d'une superficie de 135 mètres environ soit celle d'une scène de moyenne grandeur » ;

2° L'installation sur la scène de l'Olympia « d'un ascenseur de 25 mètres superficiels qui rend les plus grands services pour certaines mises en scène spéciales à ce Music Hall ainsi que l'installation d'un treuil électrique manœuvrant le rideau d'avant-scène et un décor de premier plan ».

M. Oller regrette de voir que cette installation a été abandonnée par ses successeurs qui ont renoncé à employer ces « procédés mécaniques pour revenir aux procédés primitifs ».

Il serait intéressant pour le Congrès que M. Oller voulût bien nous donner quelques renseignements complémentaires sur ces installations et nous dire à quels motifs il attribue leur abandon.

Rapport de MM. Giuletti et Rochard.

Le rapport de MM. Giuletti et Rochard est relatif à l'emploi d'une scène mobile. A leur avis le plancher de la scène, absolument fixe, scellé aux murs qui l'environnent, rivé aux piliers qui le supportent, est un obstacle infranchissable à une mise en scène parfaite, à des changements de décor rapides. « Amoncelés sur les côtés et au fond de la scène, dans les cintres et dans les dessous, les décors qui doivent venir — apportés par ces moyens primitifs qui sont les bras de l'homme et les cordages — prendre vis-à-vis du public la place qui leur est assignée, ces décors, disent les auteurs du rapport, encombrent tous les espaces disponibles, s'entassent les uns sur les autres, gênent le service, empêchent la bonne marche des choses et sont un perpétuel danger d'incendie ».

Nous ignorons quels motifs ont empêché l'application du système de la scène mobile qui, en tout cas, eût été intéressante au point de vue des résultats à obtenir.

A Paris un système de scène mobile constitué par un plateau circulaire tournant autour d'un axe vertical fonctionne au théâtre des Variétés depuis l'année dernière. Il avait été installé par M. Bruder, chef machiniste du théâtre, et était certainement très intéressant. Malheureusement ce système ne nous parait applicable sur une scène relativement petite comme celle des Variétés, que pour des décors de faible profondeur, puisque le décor ne peut occuper que la moitié de la scène.

Au théâtre de Budapest, la manœuvre hydraulique a remplacé presque complètement la manœuvre à bras d'homme. Il serait intéressant pour le Congrès qu'un des membres adhérents voulût bien donner quelques renseignements sur les résultats obtenus par ce procédé.

D'après le rapport de M. Colombier, ce système n'est pas applicable en France parce qu'il est trop coûteux et qu'il se prête peu aux transformations rapides de décors. La question de prix entre évidemment en ligne de compte dans une large mesure, mais ne peut annuler les qualités du système. En ce qui concerne les motifs pouvant influencer la rapidité des transformations, nous serions obligés à M. Colombier de vouloir bien nous donner à ce sujet quelques renseignements complémentaires.

En résumé, en ce qui concerne la machinerie, les vœux des rapports sont les suivants :

1° Emploi général du fer dans la machinerie;
2° Substitution générale des câbles métalliques aux câbles en chanvre;
3° Construction de moufles et tambours en fer;
4° Étude des applications de l'électricité et de l'hydraulique à la machinerie.

Chapitre II. — Décors.

En ce qui concerne les décors, nous n'avons reçu aucun rapport spécial. Cependant M. Colombier, dans son excellent rapport général, a exposé quelques considérations sur la construction des décors. Il a dit :

« Les décors doivent être construits en bon bois avec écharpes et mouchoirs aux patins. Ils gagnent à ne pas être lourds et se conservent plus longtemps si les feuilles ne sont pas trop larges. On devrait s'habituer à construire bas et à ne pas faire de trop grands châssis, en les complétant par les plafonds. »

M. Colombier et M. Ménessier, dans une note succincte, signalent l'emploi des panoramas comme pouvant rendre de très grands services. On peut exécuter des panoramas droits, cintrés, mouvants, etc., et obtenir une mise en scène parfaite.

Il est certain que cette question du panorama mouvant est à l'ordre du jour; nous ne pensons pas que jusqu'ici on en ait réalisé d'aussi grands que celui qui se déroule tous les jours actuellement au Maréorama à l'Exposition, et qui, bien que n'étant pas sur une scène de théâtre, produit l'illusion parfaite du mouvement.

M. Ménessier, dans la note dont nous parlions plus haut, désire appeler la discussion du Congrès sur une série de points définis ci-dessous:

De l'emploi de la peinture sur les différentes toiles;

Des mesures à prendre contre l'ignifuge;

Du changement des couleurs produit par la lumière à arc ;

De la suppression des frises dans certains décors ;

De l'inconvénient des lignes verticales coupant le fond du décor.

De l'inconvénient de l'emploi de draperies d'avant-scène trop chargées d'ornements et d'une couleur trop éclatante ou trop tendre.

De l'emploi sur la scène et dans la décoration des objets nature : colonnes, pilastres, statues, arbres, etc.

Nous y ajouterons la question très intéressante de l'ininflammabilité des décors et en particulier des frises qui sont les principaux foyers d'incendie des théâtres.

En résumé, et relativement aux décors, nous arrivons aux vœux suivants :

1° Construction de décors légers et bas;
2° Généralisation de l'emploi des panoramas;
3° Modification des draperies d'avant-scène;
4° Suppression du proscenium et des logettes de la scène;
5° Emploi de décors ininflammables.

APPENDICE

Nous avons reçu, au lendemain de la clôture des séances du Congrès, une très intéressante communication de M. Limbs, docteur ès sciences, ingénieur électricien. Elle est relative à la manœuvre électrique des décors de théâtre. Nous ne saurions mieux faire que de résumer ci-après, d'après la note qu'a bien voulu nous remettre M. Limbs, les dispositions générales du système qu'il a imaginé. Le principe de la méthode consiste à caractériser, à chaque instant, la position du décor par le potentiel variable d'un frotteur se déplaçant par le mouvement même du moteur le long d'un fil potentiométrique. Un autre frotteur peut être déplacé à volonté le long d'un autre fil potentiométrique placé sur la table ou le tableau de manœuvre et on lui communique ainsi un potentiel de valeur déterminée.

Ces deux frotteurs sont reliés par l'intermédiaire d'un fil traversant la bobine d'un relais commutateur à armature polarisée.

C'est en cela que consiste le système d'asservissement du moteur.

La figure schématique ci-jointe explique le fonctionnement. Les deux potentiomètres sont identiques. Un fil de ferro-nickel ou d'un alliage résistant quelconque est enroulé suivant une hélice tracée sur un cylindre isolant; les extrémités communiquent, par deux balais frottant sur des bagues, aux deux barres du tableau.

Le potentiomètre de manœuvre est mû par une manivelle M (ou de toute autre façon); le mouvement du cylindre est communiqué à une vis, qui fait déplacer le balai C, de façon qu'il reste toujours sur le fil. On peut donc lui communiquer un potentiel variable à volonté. Le frotteur se déplace le long d'une tige graduée *t* qui indique à l'opérateur la hauteur par exemple à laquelle il amènera un décor ou un objet quelconque.

Le potentiomètre commandé est mû par l'axe du treuil lui-même, soit directement, soit par l'intermédiaire d'un engrenage réducteur de vitesse, si c'est nécessaire.

Ainsi qu'il a été expliqué ces deux balais communiquent à un relais N dont l'armature est polarisée N, S. Ce relai sert de commutateur-interrupteur pour le moteur M.

En somme l'électricien-machiniste préparera à l'avance le potentiomètre ou plutôt les potentiomètres de manœuvre, chaque décor ayant le sien, et au moment voulu, il n'aura qu'à fermer l'interrupteur général I. A ce moment, les fils potentiométriques seront tous animés; les relais basculeront dans le sens voulu, chaque décor ou objet mobile se déplacera, et cela jusqu'à ce que le balai de son potentiomètre atteignant la même position que celui du potentiomètre de manœvure, le relais interrompe le circuit de son moteur ; jusqu'à ce moment les deux frotteurs ayant même potentiel, il ne circulera plus de courant dans le relai *r*.

Enfin il sera bon de placer comme appareil répétiteur, sous les yeux de l'électricien, un voltmètre V, gradué en hauteurs ou en fractions de la course totale, pour lui indiquer que réellement la manœuvre s'est effectuée jusqu'au point voulu. D'ailleurs, il lui sera toujours facile de faire une correction si c'est nécessaire, en déplaçant dans un sens convenable le potentiomètre de manœuvre et en suivant l'indication du voltmètre. Il faut donc autant de potentiomètres de manœuvre, de relais et de voltmètres répétiteurs qu'il y a de moteurs à faire manœuvrer.

Le courant continu est particulièrement indiqué pour toutes ces manœuvres; toutefois, si l'armature du relais, au lieu d'être constituée par un simple aimant, était formée d'un barreau de fer doux aimanté par une bobine branchée sur les barres du tableau, avec une consommation insignifiante de courant, il importerait peu de donner un sens déterminé au voltage qui anime les barres; on comprend donc la possibilité de faire fonctionner le système même sur le courant alternatif. Il faudrait seulement que les constantes de temps des deux bobines du relais fussent sensiblement égales.

La difficulté existe plutôt pour les moteurs qui démarrent difficilement en courant alternatif, surtout en courant monophasé. Si l'on dispose des courants polyphasés, triphasés en particulier comme à Lyon, on montera tous les potentiomètres et les relais sur une même phase. Dans ce cas les relais inverseront le mouvement des moteurs simplement en permutant deux quelconques des trois fils.

Le moteur à courant continu sera de préférence excité en série; comme le rendement est chose secondaire en ce cas, on donnera à l'enroulement inducteur une certaine résistance, et le démarrage s'effectuera sans inconvénient, sans aucun rhéostat. Il faudra prévoir largement leur circuit magnétique inducteur afin de bénéficier au démarrage de l'élévation momentanée du courant (1); il est évident que ces moteurs doivent être établis à calage absolument fixe, ce qui est chose aisée, presque une conséquence du circuit inducteur puissant. L'induit en tambour sera préférable pour ces deux causes.

En résumé, si l'on ne dispose que d'un courant alternatif, surtout s'il est monophasé, il sera convenable d'après M. Limbs, de l'utiliser directement pour l'éclairage et d'en redresser une partie par une commutatrice donnant le courant continu soit directement, soit mieux en chargeant à loisir dans la journée ou même pendant le spectacle une petite batterie d'accumulateurs.

A Lyon, écrit M. Limbs, deux sociétés principales se disputent la distribution de l'énergie électrique, la Société des Forces motrices du Rhône, qui donne le courant alternatif triphasé et la Compagnie du Gaz qui donne le courant continu à trois fils.

La première livre l'énergie à un prix notablement inférieur et les directeurs de théâtre ne peuvent s'empêcher de profiter de cet avantage; mais pour la manœuvre de décors, si jamais on se décide à l'appliquer, il n'y aura qu'à contracter un abonnement à la deuxième.

De plus, il peut arriver plus fréquemment des extinctions avec l'alternatif, soit au moment des mises en parallèle d'alternateurs à l'usine, soit pour toute autre raison. Si la station n'a pas d'accumulateurs comme secours, le courant continu pourra être lancé dans le réseau de lampes.

(1) De plus la self induction du moteur empêchera une irruption trop grande du courant.

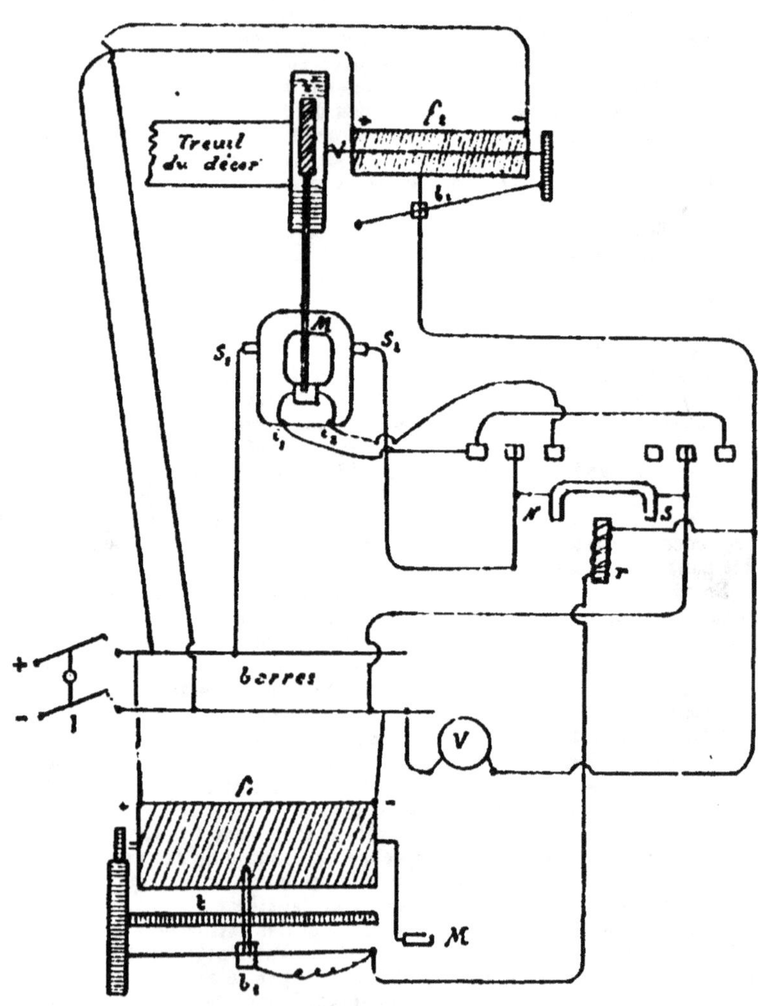

Le Potentiomètre de manœuvre

On est simplement condamné à ne monter tous les circuits qu'à deux fils et à faire les équilibrages des trois phases pour l'alternatif ou des deux ponts pour le continu sur le tableau de distribution.

Nous regrettons vivement que la très intéressante communication de M. Limbs n'ait pu être soumise au Congrès pendant la session, car elle eût certainement donné lieu à d'instructives discussions.

Nous espérons que le prochain Congrès de l'art théâtral provoquera l'étude approfondie et contradictoire des nombreuses questions intéressantes que les sujétions de l'organisation hâtive d'un premier congrès n'ont pas permis d'examiner à fond. Il convient donc de considérer le présent rapport comme l'exposé très sommaire de la situation actuelle des théâtres et l'indication de quelques-uns des points au sujet desquels il serait désirable de provoquer l'opinion des personnes qui s'intéressent à ces questions.

BERTRAND SAINT-PAUL.

DISCUSSION

Sur le rapport présenté par la 2e section.

M. Clémançon présente quelques arguments tendant à la généralisation de l'emploi du métal dans les organes de la machinerie. Il estime qu'on devrait même étendre la mesure aux frises et autres draperies de la scène; ces accessoires constituant, à son avis, un danger permanent d'incendie en raison de l'inefficacité des ignifuges employés.

M. Clémançon émet l'opinion que, sur cinquante incendies de théâtres, quarante-neuf ont pris naissance dans les frises; il propose, en conséquence, que désormais la toile soit remplacée par l'aluminium pour l'établissement de ces accessoires de la mise en scène; il ajoute que cette transformation ne présenterait aucune espèce de difficultés, étant donné qu'il est possible actuellement d'obtenir ce métal en lames très minces et à des conditions de prix comparables au prix de la toile.

M. Nicoulès expose qu'il n'est pas partisan de l'emploi du métal pour les fils, car il en peut résulter des inconvénients dus à ce que ces fils sont conducteurs de l'électricité. Il critique d'ailleurs l'usage suivi jusqu'à présent de dresser les projets de construction d'une scène de théâtre sans s'inspirer des données que pourrait fournir le machiniste.

Au sujet de la commande automatique de la machinerie, M. Clémançon exprime le regret de constater qu'à ce point de vue la France semble en retard sur d'autres pays.

M. Gosset présente à ce propos quelques observations. Il existe, dit-il, une machinerie française à laquelle on n'a jamais rendu l'hommage qu'elle mérite; c'est la machinerie hydraulique de M. Gueruet. Cette machinerie, dont les divers organes se meuvent moyennant la manœuvre d'un robinet, avait été abandonnée par son inventeur faute des moyens financiers nécessaires à son établissement. Mais elle fut recueillie en Autriche par une société qui l'a appliquée, pour la première fois, au théâtre royal de Budapest, grâce à un don de cinq cent mille florins de Sa Majesté l'Empereur.

M. Gosset demande au premier Congrès international de l'art théâtral de consacrer l'invention de M. Gueruet qui a fait le tour du monde sous un nom qui n'est pas celui de son véritable inventeur. (*Applaudissements.*)

Relativement à l'inefficacité de l'ignifugeage des frises et autres accessoires du théâtre, M. Gosset partage l'opinion de M. Clémançon. Mais M. Horo demande à présenter ses observations personnelles sur le sujet. Il explique qu'il est indispensable, dans cette question, de distinguer deux méthodes d'ignifugeage : l'ignifugeage superficiel et celui de pénétration. Il fait observer que l'ignifugeage superficiel, qui n'est d'ailleurs qu'un badigeonnage plus ou moins épais, n'est efficace que pendant une période limitée — cinq ou six ans — et que les propriétés du système sont progressivement atténuées au fur et à mesure de l'usure de l'enduit; mais il n'en irait pas ainsi moyennant l'ignifugeage par pénétration sous pression, tel qu'il est maintenant appliqué par certaines maisons industrielles. A cet égard, M. Horo propose qu'une commission soit nommée pour étudier convenablement cette question de l'ignifugeage.

M. Clémançon et, après lui, M. le président Aderer font remarquer qu'il semble difficile de constituer cette commission spéciale, étant donnée que la durée limitée du Congrès ne permettrait pas aux commissaires de présenter en temps utile leur rapport.

Après un échange d'observations entre MM. Aderer, Horo, Clémançon et Cordier, il est convenu, sur l'invitation qui en est faite par M. Cordier, que les congressistes intéressés par les questions

d'ignifugeage seront conviés, le mardi 31 juillet, à des expériences spéciales d'ignifugeage de pénétration qui seront effectuées, 52, rue Botzaris.

M. Victor demande la parole pour appeler l'attention du Congrès sur les questions spéciales d'éclairage. Il exprime le regret que des réunions préparatoires de section n'aient pas été organisées en vue de l'étude des nombreuses questions qui se rattachent à cette partie importante du programme général du Congrès; il demande qu'une commission spéciale soit désignée qui aurait pour mission d'étudier, par des visites sur place, l'état actuel de l'éclairage des théâtres et de présenter au Congrès toutes propositions que cette enquête semblerait justifier.

M. le président renouvelle à M. Victor les objections opposées à la proposition de M. Horo touchant la création d'une commission de l'ignifugeage; il rappelle que la clôture du Congrès est imminente et qu'il n'a pas dépendu d'ailleurs de la Commission d'organisation que des réunions préparatoires de section n'aient pas été tenues ni que des rapports et des programmes à développer n'aient pas été introduits en temps opportun par les congressistes. Un membre du Congrès appuie l'observation de M. le président. M. Aderer expose d'ailleurs qu'il entre dans le plan de la Commission d'organisation que le Congrès ne doit pas se séparer sans avoir constitué une permanence et un comité d'études chargés de recueillir tous documents intéressants, de préparer et mettre au point les diverses questions se rattachant à l'art théâtral et susceptibles, le cas échéant, de créer un fonds de discussion pour le prochain Congrès.

M. Victor se rallie complètement à ces observations, mais il insiste sur l'utilité de la constitution d'une Commission d'études spéciale à l'éclairage.

Après quelques arguments d'un membre du Congrès, tendant également à la constitution d'une Commission permanente destinée à servir de lien d'un Congrès à l'autre, la séance est levée à onze heures du soir.

TROISIÈME SÉANCE

La troisième séance est ouverte le 30 juillet, à neuf heures, sous la présidence de M. Adolphe Aderer.

Le président, en ouvrant la séance, prononce les paroles suivantes :

« Avant de commencer la discussion, je vous demande la permission d'envoyer à S. Exc. le comte Tornielli, ambassadeur d'Italie, la dépêche suivante :

« Le Congrès international de l'art théâtral adresse à Son Excellence le comte Tornielli et le prie de transmettre à la famille royale et à la nation italienne l'expression émue de sa douloureuse sympathie. » (Adhésion unanime.)

Le président donne alors la présidence à M. Porel, vice-président de la troisième section.

TROISIÈME SECTION

Mise en scène.

M. Stany Oppenheim, rapporteur de la troisième section, donne lecture du rapport suivant :

« Mesdames, Messieurs,

« Permettez-moi, avant toute chose, de remercier ici publiquement notre président, M. Adolphe Aderer, de l'idée qu'il eut et qu'il sut mettre à exécution en nous réunissant ici, sous la formule si vaste de Congrès de l'art théâtral, pour nous permettre de discuter tour à tour les questions qui nous préoccupent et nous passionnent, et cela dans un but unique qui se peut résumer ainsi : « Tendre, par « des moyens pratiques, à l'amélioration constante de toutes choses « concernant le théâtre. »

« A ce Congrès, qui pouvait, qui devait être si fécond, j'ai, pour ma très modeste part, adhéré avec empressement, je dirai même avec joie. L'heure n'était-elle pas depuis longtemps venue, pour tous les sincères fervents de théâtre, de se rencontrer, de se rapprocher, d'échanger leurs vues, leurs désirs, de provoquer, en disant ce qu'ils savent et ce qu'ils sentent, un choc d'idées dont tous devaient bénéficier ?

« Malgré le puissant intérêt que nous promettaient les sujets soumis aux débats des Ire, IIe et IVe sections, où des personnalités compétentes, où des spécialistes éminents vous ont fourni, dans les séances précédentes, et vous offriront, dans celles qui suivront, des documents si précis, je m'étais senti plus vivement attiré par le titre de la IIIe section, destinée à l'examen des questions touchant la mise en scène et le costume. Il y avait là, en effet, un champ incommensurable ouvert à toutes les études, à toutes les propositions, à toutes les recherches. Le nom même de notre vice-président, M. Porel, devant lequel je ne veux pas dire toute la sincère admiration qu'il m'inspire, mais dont la rare compétence et le goût artistique si pur ont à peine besoin d'être rappelés ici ; le programme, nullement obligatoire, mais combien séduisant, proposé par lui aux congressistes, comme une invitation à lui adresser leurs idées les plus nobles à la fois et les plus modernes en matière de mise en scène, — vous n'ignorez pas le thème soumis, à simple titre d'indication : « Comment « feriez-vous, dans l'ordre littéraire, la mise en scène d'un chef-« d'œuvre classique tel qu'*Athalie*, *Roméo* ou *Faust* ? Comment, dans « l'ordre musical, mettriez-vous à la scène *Orphée* ou *Don Juan* ? » etc. ; — tout, enfin, me paraissait d'un vif attrait.

« Aussi, quand on me fit le grand honneur de me confier le Rapport de cette troisième section, acceptai-je sans fausse modestie une mission qui devait être passive, en somme, puisqu'il ne devait y avoir pour moi qu'à prendre connaissance des travaux soumis au Congrès, à en extraire la moelle et à vous la servir de mon mieux.

« Mon premier soin, néanmoins, fut de m'assurer, en ouvrant un dictionnaire, de la signification exacte du mot Congrès et de celle du mot Rapport. C'est une précaution dont je me suis parfois bien trouvé. Voici ce que je lus : « Congrès, réunion de gens qui délibèrent « sur des questions d'intérêt commun, sur des points relatifs à des « opinions ou à des études communes. » — « Rapport, compte que « l'on rend d'une mission que l'on avait reçue. »

« Voilà qui était clair, tout en demeurant un peu vague : les dictionnaires ont de ces faiblesses.

« Ma mission consistait donc bien à recevoir les travaux, les communications, écrites ou verbales, des congressistes inscrits à la IIIe section, et à vous en rendre compte, afin que vous en puissiez librement délibérer.

« Je les attendis de pied ferme.

« J'avais, je l'avoue, tous les espoirs.

« Ils ont été, je l'avoue encore, moins volontiers il est vrai, aussi complètement déçus qu'il était possible de le prévoir.

« Je n'ai pas reçu une seule, vous m'entendez bien, Mesdames et Messieurs, pas une seule communication relative à la mise en scène, au costume, etc., en un mot, touchant de près ou de loin à l'objet défini des travaux de notre section.

« Et cependant, n'y avait-il rien à dire ? Pas un d'entre vous qui, sur ce point, ne pense le contraire. Pourquoi donc ce silence, ce mutisme complet sur un sujet qui nous passionne tous, et cela je l'atteste, car de toutes parts on m'a demandé maintes fois : « Où en êtes-vous ? Que recevez-vous ? Ne manquez pas de me faire connaître les points capitaux de votre rapport. » Pourquoi cette récolte nulle ?

« Eh bien, ce pourquoi, j'ai tenu à le connaître, à le saisir et à vous le livrer, afin que si, comme je l'espère fermement, ce Congrès se perpétue et se renouvelle de période en période, une pareille disette ne nous menace plus. Pour obtenir et vous apporter ici des travaux sérieux, des communications réfléchies sur des questions de mise en scène, nous avons eu contre nous un facteur implacable : nous avons manqué de temps.

« Mais, me direz-vous, et les autres sections qui, dans le même « délai, ont recueilli une abondante moisson ? » C'est vrai : mais reconnaissez aussi que les questions à traiter y étaient plus techniquement précises, les chiffres, les plans, les documents, qui ont servi de base aux travaux, existaient avant qu'on songeât au Congrès et il n'y a eu qu'à coordonner. La matière était toute préparée.

« Pour notre pauvre section, au contraire, qui devrait être si riche, rien de tel ! Tout était à créer. Car, si nombre d'esprits d'élite possèdent sur la mise en scène des idées très personnelles et même très arrêtées, croyez bien que ces idées ne sauraient être formulées dignement en un temps aussi bref.

« Désespéré d'être, comme sœur Anne, au sommet de la tour du Congrès, à ne voir rien venir, j'ai fait pressentir par des amis communs, dans les pays voisins, de hautes personnalités du monde théâtral. Partout les réponses ont été les mêmes : « Nous ne deman-« dons pas mieux. Un Congrès théâtral, à Paris surtout, mérite notre « concours le plus absolu et nous serions heureux d'y apporter nos « desiderata, nos vœux, le fruit de notre expérience et de nos luttes. « Mais il nous faut du temps. Vous nous prenez de court. »

« Et, en effet, comment demander à des artistes de signer de leur nom, d'appuyer de leur autorité un travail hâtif, trop bref, insuffisamment mûri ? Les questions de mise en scène sont, pour la plupart, d'ordre tellement délicat, qu'on n'y saurait toucher avec assez de soin et de réflexion.

« Et pourtant, je le répète, que de choses à dire, à l'heure où le théâtre, menacé chaque jour par des difficultés nouvelles, voit son existence compromise par la progression constante des frais de toute sorte, où ceux qu'occasionne la mise en scène prennent une place si importante ! Le public, gâté par certains directeurs délicieusement artistes, qui ont ouvert la voie, puis par d'autres encore qui, croyant faire mieux, ont inutilement gaspillé sans réel profit d'art, le public est difficile à satisfaire aujourd'hui.

« Par quels moyens répondre aux exigences qu'il apporte maintenant, tout en restant dans les limites d'un budget prudemment équilibré ?

« La mise en scène intelligente ! Qui donc nous fournira une étude approfondie sur ce sujet, c'est-à-dire sur l'art de proportionner la mise en scène à l'œuvre même, de repousser fermement toute dépense superflue, tout en donnant au dramaturge le cadre qu'il souhaite, qui convient à sa pièce et qui la fait valoir ? Un accessoire ingénieux, posé à sa vraie place, un éclairage habile, le choix heureux d'un ton font plus, pour jeter aussitôt le spectateur dans l'atmosphère exacte d'une pièce, que la splendeur inutile du plus dispendieux décor. Certes, nous le savons tous, et les exemples ne manquent pas sur quelques-unes de nos scènes. Sur combien d'autres, en revanche, ne font-ils pas cruellement défaut ? Ne pensez-vous pas que, sur cette délicate et curieuse matière, une étude de longue haleine serait pour nous d'un puissant intérêt et d'un réel profit ?

« Et tant d'autres choses encore mériteraient de nous être dites, des détails d'ordre plus terre à terre : mais rien doit-il être négligé ? Sait-on qu'aux États-Unis on emploie pour les châssis des décors un bois spécial, d'une légèreté et d'une rigidité exceptionnelles, qui facilitent prodigieusement toutes les manœuvres?

« Comment explique-t-on qu'à Londres, sur des scènes semblables aux nôtres, des féeries offrent à l'œil émerveillé des séries ininterrompues de 30 à 40 décors successifs, sans un seul entr'acte? Sait-on que là-bas, sur le plancher de scène de nombreux théâtres, un tapis circulaire, en toile caoutchoutée, entoure le décor afin d'étouffer dans la coulisse le bruit indiscret des pas? Sait-on qu'en Italie des drames, des œuvres musicales se jouent couramment dans des décors en papier, d'un goût contestable peut-être? Mais ce défaut serait aisément réformé et ne provient pas, en tout cas, du seul fait qu'ils sont en papier et par conséquent très économiques. Sait-on que certains pays ont des écoles de figurants, des écoles de machinistes, éléments indispensables au bon fonctionnement d'un théâtre, mais éléments qui nous font sérieusement défaut, n'hésitons pas à le proclamer? Sait-on encore... que dire? mille choses, diverses, de valeur inégale, mais toutes intéressantes, parce qu'elles touchent à la vie même du théâtre et auxquelles vous m'excuserez de faire ainsi allusion devant vous, ce qui n'était pas absolument dans mon rôle. Car, sur tant de sujets, si vous êtes renseignés comme moi, mieux que moi, comme moi pourtant, sur tous ces points, sur tant d'autres que nous ne prévoyons même pas, vous n'êtes pas exactement, techniquement documentés. Le Congrès devait nous fournir l'occasion de l'être complètement, et c'est mon regret, mon chagrin réel de venir vous fatiguer ici de mes remarques personnelles, au lieu de vous apporter la nourriture plus substantielle que j'ai en vain attendue de congressistes compétents et parfaitement sympathiques à notre effort.

« Il me reste donc à espérer, Mesdames et Messieurs, que cette réunion ne sera pas la dernière, que d'autres Congrès, sous une forme ou une autre, nous assembleront à nouveau, que d'ici là vous-mêmes, qu'en dehors de vous, les esprits éclairés auxquels nous avons fait et ferons encore appel, vous nous fournirez tous, par des travaux mûrement réfléchis, par de curieuses études, le solide terrain où devront s'élever les discussions fertiles. La tâche de votre rapporteur, quel qu'il soit, sera alors plus aisée et plus douce, et il n'aura pas le souci de vous avoir inutilement importunés de sa parole.

« Permettez-moi maintenant, Mesdames et Messieurs, de vous informer que M. Lefeuve, le distingué rapporteur de la IVe section, m'a remis, comme répondant mieux au caractère plus littéraire de notre section, quelques travaux adressés d'abord à la sienne. Il s'agit de théâtres d'art et de théâtres d'essai. Un rapport sur ces travaux avait été fait dès l'abord par M. Pierre Marcel, qui a bien voulu me le transmettre, et je vais avoir l'honneur de vous le lire tel qu'il est, car je me reprocherais d'y changer un seul mot.

« Toutefois, je tiens à signaler auparavant un mémoire de M. C. Giraudet qui, sans approfondir les questions, émet des vœux divers, tels que celui relatif à la création d'un concours anonyme pour auteurs dramatiques, permettant aux œuvres d'auteurs inconnus d'être représentées.

« M. Giraudet peut m'en croire sur parole : quand un inconnu a fait une bonne pièce, il est sûr de la voir représenter, sans qu'il soit besoin pour cela d'instituer un concours. Les directeurs de théâtre attendent impatiemment cet inconnu et lui tendent les bras. M. Giraudet, qui regrette aussi de voir la danse jouer un rôle trop effacé sur nos théâtres, déplore que le prix des places y soit trop élevé. Il attribue, non sans raison, la cherté des théâtres aux conditions excessives qu'imposent les artistes en vogue aux directeurs qui les engagent. Il y a là, malheureusement, un phénomène connu sous le nom de la loi de l'offre et de la demande et les directeurs, qui n'ont pas le choix, sont les premiers à s'en plaindre.

« Il ajoute ensuite quelques considérations sur le danger couru par le public dans les salles de spectacle, et, sur ce point, les travaux de la première section ont dû lui donner satisfaction.

« M. Alfred Prost émet le vœu qu'en souvenir des grands artistes morts se crée une œuvre, qui serait pour eux ce qu'est pour d'autres le « Souvenir français », et qui aurait pour but respectable de perpétuer la mémoire des grands noms du théâtre.

« M. Georges Larcher émet le vœu que les directeurs fassent toujours photographier la mise en scène de leurs pièces, afin de créer ainsi une collection précieuse pour l'histoire du théâtre.

« M. William Mario propose de substituer aux « à-propos » réglementaires, lors des anniversaires de nos grands classiques, des représentations-types, au sujet desquelles vous aurez le plaisir de l'entendre tout à l'heure, car il va prendre la parole.

« Je passerai maintenant au rapport spécial de M. Pierre Marcel. »

Théâtres d'essai et théâtres d'art.

Deux rapports ont été adressés au Congrès d'art théâtral au sujet des tentatives que l'on a appelées : *Le Théâtre d'essai*, *Le Théâtre d'art*, *Le Théâtre d'amateurs*. Nous les devons à M. Henry Houry et à M. Alfred Mortier. Un travail de M. L.-Ernest Allard propose un moyen de choisir parmi les pièces inédites des jeunes auteurs, et M. Jean Carvalho, dans une note, demande la création, pour les jeunes auteurs dramatiques, d'un prix qui puisse être comparé au prix de Rome.

En sa qualité de président du Cercle de la Rampe, M. Houry était plus à même que tout autre de constater l'état actuel des théâtres à côté en France, les obstacles qu'ils rencontrent, les causes qui peuvent les faire échouer. Il remarque que les théâtres d'essai, créés en grand nombre, il y a une dizaine d'années, par des sociétés de jeunes gens, n'ont pas réussi comme l'espéraient leurs organisateurs et il énumère les différentes causes de cet échec :

1° L'imposition du fisc sur les cercles;
2° Le nombre insuffisant des cotisations;
3° La difficulté de trouver des pièces;
4° La difficulté d'avoir une interprétation féminine non rétribuée;
5° Le peu de membres apportant à l'œuvre une volonté expérimentée.

Actuellement, les deux sociétés actives qui vivent encore sont le Cercle de la Rampe et les Escholiers. Elles ne jouent que des pièces inédites : c'est par là qu'elles nous intéressent. Elles donnent des œuvres dont le succès d'argent serait nul sur une scène régulière, mais dont la valeur littéraire est parfois très appréciable. En terminant son rapport, M. Houry demande s'il ne serait pas intéressant de faire connaître du public de la classe ouvrière, sous le patronage d'œuvres de bienfaisance, les pièces représentées dans les théâtres d'essai. Le prix des places pourrait être extrêmement réduit, puisqu'il n'y aurait à couvrir, comme frais, que la location de la salle et l'éclairage.

Le travail de M. Mortier se rapporte spécialement aux théâtres d'art. Après avoir rendu hommage aux tentatives de ceux qui s'occupent de fonder un théâtre populaire, M. Mortier nous expose sa conception en ces termes :

« Par théâtre d'art, j'entends un théâtre poétique, plus hautement, plus purement littéraire (que les théâtres ordinaires), plus libre aussi dans sa forme et dans sa conception, une scène enfin préoccupée d'art uniquement. »

Puis, M. Mortier précise encore sa pensée. Il constate que le lyrisme est la plus haute forme d'art en général, d'art dramatique en particulier et qu'il n'a pas accès sur nos scènes : c'est à ce lyrisme qu'il voudrait voir donner droit de cité chez nous, par la création d'un théâtre d'art. Pour lui, l'initiative privée n'est pas capable de donner la vie au théâtre qu'il propose; il lui faut le concours de l'Etat pour pouvoir exister. M. Mortier sollicite un vœu du Congrès en faveur de ce concours qui pourrait se manifester sous deux formes. Dans l'une et l'autre l'Odéon serait le siège des manifestations littéraires du théâtre d'art.

1° L'Etat accorderait à l'Odéon un supplément de subvention, spécialement réservé à des représentations exceptionnelles d'œuvres modernes inédites, sans distinction d'écoles.

2° Si cette subvention était une charge trop lourde pour le budget, l'Etat insérerait « au futur cahier des charges de l'Odéon une clause particulière, en vertu de laquelle le directeur de ce théâtre serait tenu, six fois au plus dans l'année, et sans indemnité de ce chef, de mettre à la disposition d'un comité spécial sa salle, son matériel de décors et de costumes, ainsi qu'une partie de sa troupe. L'économie de la salle, de la plupart des costumes et décors, d'une partie de la troupe, constituerait déjà un puissant appoint pour les initiateurs d'un spectacle d'art. Les entrées payantes et les souscriptions feraient aisément le reste ».

M. Allard, dans son rapport, plus spécialement consacré au théâtre populaire, traite une question dont ne se préoccupe pas M. Mortier et qui a son importance : Comment choisir les pièces dignes d'être représentées, dans le flot des productions nouvelles ? Comment écarter les œuvres médiocres ? M. Allard propose à cet effet l'établissement d'une sorte de Comité de lecture géant. L'idée est ingénieuse, mais son exécution semble bien peu pratiquement réalisable :

« On organiserait des concours quasiment publics, comme à Athènes. Un jury, composé de milliers de personnalités féminines et viriles, choisies parmi ce qu'il y a de plus distingué dans les lettres, les arts, le théâtre, le monde même, écouterait la lecture des œuvres proposées et déciderait à la majorité s'il y a lieu de leur accorder la représentation. Pour arriver devant ce jury, il faudrait des parrains en nombre suffisant, pas moins de quatre, comme il en faut pour entrer dans tant d'autres sociétés, des parrains extrêmement autorisés par leur situation et leur propre mérite intellectuel consacré, reconnu, et qui répondrait du sérieux de la candidature. »

M. Jean Carvalho (et sa proposition semble bien ici une conclusion et comme un couronnement aux propositions précédentes) M. Jean Carvalho demande la création d'un prix destiné aux auteurs dramatiques et qui serait l'équivalent du prix de Rome des artistes. L'auteur ne demande pas l'envoi des jeunes dramaturges à la Villa Médicis ; il laisse au Congrès le soin de définir la forme que devrait prendre cette récompense, mais il croit qu'elle aurait une action appréciable sur la production littéraire.

Voilà le résumé des rapports envoyés au Congrès sur la question des théâtres d'art et des théâtres d'essai. Ils fournissent tous des indications intéressantes et qui valaient la peine d'être formulées. A vrai dire, aucun ne présente, pour l'établissement des « théâtres à côté », de projets pratiquement et généralement réalisables. Il ne faut pas l'imputer à faute à leurs auteurs. De tels projets nous paraissent impossibles à élaborer. Voici pourquoi :

I. — *Théâtres d'essai.*

Comme son nom l'indique, le théâtre d'essai ne peut être que provisoire. La tentative qui l'a établi réussit ou échoue. Si elle échoue, elle passe au rang des projets généreux avortés ; si elle réussit, le théâtre qu'elle a créé devient définitif et cesse d'être « d'essai ». Pour que les résultats de telles tentatives puissent être intéressants, il faut qu'elles se produisent en toute liberté, qu'aucune règle administrative ou littéraire ne préside à leur création, qu'elles doivent tout à l'initiative individuelle. Si elles ne naissent pas dans ces conditions, c'est que les circonstances de temps et de milieu s'opposent à leur existence, c'est que d'autres préoccupations absorbent les esprits. La volonté arbitraire d'un homme ou d'un groupe d'hommes, l'établissement de règles exactes pour leur fondation ou leur organisation ne sauraient les rendre viables, pas plus que les obstacles que leur opposeront les auteurs arrivés, les directeurs ou le public récalcitrant ne pourront les faire échouer.

II. — *Théâtres d'art.*

La conception du théâtre d'art diffère de celle du théâtre d'essai. Le théâtre d'art ne s'adresse pas au public, il s'adresse à un public restreint, qu'il trie et qu'il choisit, sans avoir d'ailleurs de moyen très pratique pour le séparer de la foule. Il ne prétend pas énoncer de ces idées saines et grandes qui rendent accessibles à tous les chefs-d'œuvre de notre théâtre et des théâtres étrangers, parce qu'elles sont humaines avant tout; il recherche au contraire les pensées subtiles, raffinées ou trop délicates, incompréhensibles pour la masse, productions débiles d'une civilisation exaspérée.

Est-ce bien le moment de parler d'un tel théâtre ?

Nous n'aimons plus, et avec raison, les badinages, les jeux littéraires, les assemblages habiles de procédés qui s'affublent, arbitrairement, du nom d'art. Nous croyons à la force, à la beauté des idées générales et synthétiques. Nous voulons dans une œuvre de la simplicité, de la vie, car la vie, la simplicité sont accessibles à tous et qu'il n'y a pas d'art en dehors de la vie. Un théâtre d'art créé par une société dite raffinée pouvait exister il y a cinquante ans encore; aujourd'hui il n'a plus aucune chance de réussir.

Conclusion.

Un théâtre d'essai ne peut pas avoir d'organisation fixe et définie à l'avance.

Un théâtre d'art ne peut plus exister dans l'état actuel des idées et de la littérature.

PIERRE MARCEL.

« Cette lecture terminée, il ne me reste plus, Mesdames et Messieurs, qu'à vous remercier de votre bienveillante attention. Permettez-moi aussi d'exprimer à nouveau le ferme espoir que nous ne nous en tiendrons pas là, parce que notre premier effort fut vain. Il faut continuer, il faut persévérer, avec la volonté de réussir, avec la foi dans le succès final. Nous arriverons, à force d'énergie et de bon vouloir, à faire sortir du sol les moissons rebelles et nous contribuerons ainsi, et pas pour la moindre part, au développement, à l'amélioration, à l'ennoblissement de ce théâtre, qui tient à l'âme même de notre pays, de ce théâtre qui nous prend et nous passionne tous.

« STANY OPPENHEIM. »

M. Porel, vice-président de la troisième section, lit ensuite la communication suivante :

« Messieurs,

« Dans tous les articles publiés par tous les journaux du monde entier pour parler de notre Exposition universelle, vous avez certainement remarqué comme moi cette phrase : « La mise en scène en est incomparable », c'est-à-dire que le pittoresque de la rue des Nations, l'élégance du Petit Palais, la variété exotique amusante des monuments du Trocadéro, toutes ces merveilles ont été présentées, mises à leur place, « serties » par un metteur en scène supérieur et que, sans son organisation savante, toutes ces belles choses n'auraient peut-être point leur éclat, leur importance, partant leur valeur. Il en est ainsi, Messieurs, des œuvres dramatiques. Sans la mise en scène, sans cette science respectueuse et précise, sans cet art puissant et délicat, bien des drames n'auraient pas été centenaires, bien des comédies ne seraient pas comprises, bien des pièces n'iraient pas au succès.

« Saisir nettement dans un manuscrit l'idée de l'auteur, l'indiquer avec patience, avec précision aux comédiens hésitants, voir de minute en minute la pièce surgir, prendre corps. En surveiller l'exécution dans ses moindres détails, dans ses jeux de scène, jusque dans ses silences, aussi éloquents parfois que le texte écrit. Placer les figurants hébétés ou maladroits à l'endroit qu'il faut, les styler, fondre ensemble les petits acteurs et les grands. Mettre d'accord toutes ces voix, tous ces gestes, tous ces mouvements divers, toutes ces choses disparates, afin d'obtenir la bonne interprétation de l'œuvre qui vous est confiée.

« Puis, ceci achevé et les études préparatoires faites avec méthode dans le calme de l'étude, s'occuper du côté matériel. Commander avec patience, avec précision, aux machinistes, aux décorateurs, aux costumiers, aux tapissiers, aux électriciens.

« Cette seconde partie de l'œuvre terminée, la souder à la première, mettre l'interprétation dans ses meubles. Enfin regarder de haut, d'ensemble, avec soin, le travail qui s'achève. Tenir compte des goûts, des habitudes du public, dans la mesure équitable écarter ce qui peut être dangereux sans raison, couper ce qui fait longueur, effacer les fautes de détail, conséquences inévitables de tout travail fait rapidement. Ecouter les avis des gens intéressés, les peser dans son esprit, les suivre ou les écarter selon son libre jugement. Enfin, avec un battement de cœur, ouvrir la main, donner le signal, laisser l'œuvre paraître devant tant de gens assemblés. C'est un métier admirable, n'est-ce pas? un des plus curieux, un des plus attachants, un des plus délicats du monde.

« Messieurs, en Angleterre, en Allemagne, en Russie, en Italie, dans tous les pays du Nord de l'Europe, dans l'Amérique même, partout où l'art dramatique occupe une grande place dans les nobles plaisirs des hommes, il y a des artistes que le travail de la mise en scène passionne, qui y excellent, qui en font la joie et l'honneur de leur vie. C'est à eux que nous pensions, c'est sur eux que nous comptions en formulant notre questionnaire; ils devaient à nos yeux être l'illustration de notre Congrès. C'est pour les séduire que nous avions choisi comme thèmes : l'éternelle douleur amoureuse du *Roméo et Juliette* de Shakespeare, la philosophie profonde et pittoresque du *Faust* de Gœthe, la grâce élégante et délicieuse du *Don Juan* de Mozart. S'ils n'ont pas répondu comme nous l'espérions à notre appel, ce n'est pas, certainement, parce qu'ils ont voulu garder pour eux les secrets de leur art, mais plutôt, comme vient de vous le dire si bien notre excellent rapporteur, parce qu'ils ont été pris de court et que le temps nécessaire leur aura manqué pour faire un travail de cette importance et de cette délicatesse, car l'idée de notre Congrès ne peut pas les laisser indifférents ; elle est trop utile, elle est trop féconde pour ne pas donner à son heure les résultats nécessaires.

« N'est-il pas nécessaire, en effet, Messieurs, de maintenir haut et ferme, dans tous les pays, le culte des chefs-d'œuvre dramatiques? N'est-il pas nécessaire pour cela de les bien connaître tous, de les faire passer de pays en pays pour agrandir chaque horizon? N'est-il pas nécessaire, indispensable, qu'une bibliothèque spéciale soit créée peu à peu, afin que l'artiste, le metteur en scène studieux puisse y trouver tous les renseignements, tous les travaux dont il a besoin de théâtre à théâtre. Il est certain que, jusqu'à présent, on ne joue bien les pièces de Shakespeare qu'en Angleterre et en Amérique, qu'on ne dit bien les pièces de Molière qu'en France, qu'on n'interprète comme il faut les pièces allemandes qu'en Allemagne, qu'on n'excelle dans l'art de la mimique passionnée qu'en Italie et qu'en Espagne et qu'un véritable artiste devrait connaître toutes ces spécialités. Il est certain que, pendant que tout progresse autour de nous, l'art dramatique reste stationnaire et que, pour ne parler que des Français, par exemple, il est certain que notre diction nationale n'est pas tout au monde, qu'il est indispensable de demander aux artistes étrangers le secret de leur pittoresque et de leur mimique, et que ce Congrès, cet échange de vues sur la mise en scène d'un chef-d'œuvre s'imposent, puisque tout le monde peut y gagner des connaissances plus étendues et des forces d'expression plus intenses.

« Oui, Messieurs, l'idée qui a créé ce congrès est une belle idée dont il faut féliciter son premier initiateur, M. Charbonnel, et celui qui a su la mener à bonne fin, notre président, M. Adolphe Aderer. Elle portera ses fruits. Ceux qui n'ont pas eu le temps de venir à nous y viendront. Cette œuvre sera reprise et continuée en toute occasion, parce qu'il faut que cela soit ainsi, parce que cela est juste et utile et que les artistes ne doivent pas être en dehors du mouvement général. Ils doivent étudier ensemble et fraternellement, au nom de tous les pays, ce qui peut servir à l'utilité, à la prospérité, à la grandeur de l'art qu'ils ont l'honneur de servir.

« Porel. »

M. Adrien Bernheim, commissaire du Gouvernement, délégué du ministre des Beaux-Arts, prend la parole et prononce l'allocution suivante :

« Mesdames, Messieurs,

« Vous venez d'entendre, après le très ingénieux rapport de M. Stany Oppenheim, la belle étude de M. Porel sur la mise en scène. Pour la troisième fois depuis trois jours, j'ai le plaisir de me retrouver avec vous; pour la troisième fois, je remercie votre président, M. Adolphe Aderer, de me confier la tâche agréable entre toutes de vous présenter votre président de section.

« C'est aujourd'hui M. Porel qui vous préside, vous venez de l'entendre, vous venez de l'applaudir. Vous n'attendez pas de moi que je fasse l'éloge du directeur du Vaudeville; quand vous saurez que depuis plus de vingt années M. Porel est mon ami, je serais sans doute accusé d'une excessive partialité. Mais je dois vous rappeler que celui que vous venez d'applaudir a, durant de longues années, été un de nos premiers comédiens, et qu'après avoir été un maître comédien il est devenu un maître directeur.

« Permettez-moi donc — M. Porel ne m'en voudra certes pas — de passer la parole à un écrivain qui fut l'honneur de notre théâtre contemporain et dont M. Porel fut un des plus brillants interprètes; je sais qu'en vous lisant ces quelques lignes après le rapport que vous venez d'entendre, je vais faire à M. Porel la plus douce des surprises :

« Après trois ans et demi passés au Gymnase, M. Porel fut pris de « la nostalgie de l'Odéon; il y retourna pour n'en plus sortir et « pour devenir, à très juste titre, l'artiste favori de ce public jeune, « tapageur, mais intelligent. Je l'ai retrouvé tout à fait consommé « dans son art...

«... Quand on a eu affaire à un artiste de ce mérite doublé d'un « homme de ce caractère, on remercie l'un et on salue l'autre. »

« Ceci dit, Mesdames et Messieurs, et magistralement dit par l'écrivain qui s'appelait Alexandre Dumas fils, il ne me reste plus, après cet instructif éloge, qu'à remercier M. Porel de l'avoir si bien mérité et d'avoir répondu, comme directeur du Vaudeville, avec le succès que vous savez, aux espérances que donnait il y a quelques années le maître comédien. » (*Vifs applaudissements.*)

Le prince de Cassano, congressiste italien, demande la parole pour remercier le Congrès du télégramme qu'il a adressé à Son Excellence M. l'ambassadeur d'Italie au sujet de l'assassinat du roi Humbert.

Les travaux de la troisième section sont terminés.

QUATRIÈME SECTION

M. le président Aderer annonce l'ouverture des travaux de la quatrième section. Il remet la présidence de la séance à M. Eisenmann, délégué allemand, et le prie de donner la parole à M. Gabriel Lefeuve, vice-président et rapporteur.

Préliminaires.

M. Gabriel Lefeuve déblaie d'abord son terrain en communiquant, avec commentaire, à l'Assemblée plusieurs études intéressant plus particulièrement d'autres Congrès que celui de l'art théâtral, ou parvenues après la clôture à d'autres sections que la sienne.

Il signale l'histoire du répertoire du Théâtre flamand de Bruxelles, écrite à l'intention du Congrès par le fondateur et directeur de ce théâtre, M. Hendrickx, dont le jubilé sera célébré en grande pompe le 2 février 1901.

M. le président transmet au Congrès l'invitation faite par M. Mornat de visiter le jeu d'orgue de l'Opéra et celle faite par la Société de sénilisation des bois d'assister à des expériences d'ignifugeage.

Résumé historique des études de la quatrième section.

Passant aux travaux qui intéressent directement sa section, M. Gabriel Lefeuve raconte comment il a procédé pour les réunir en moins de trente jours. Il a rédigé une dizaine de types de circulaires pour les auteurs, professeurs, directeurs, interprètes, éditeurs, amateurs, etc. Les réponses à chacun de ses questionnaires ont été discutées par un comité d'études(1) composé de spécialistes, puis rangées dans des dossiers distincts en compagnie du procès-verbal de la discussion; le soin d'analyser chaque dossier a été remis à un rapporteur spécial. Le rapport le plus étendu et le plus délicat est celui de M. Migette sur les doléances du public : il embrasse une trentaine

(1) *Comité international permanent* (C. I. P.) *d'études théâtrales et musicales*, sis à Paris, 3, rue de la Bienfaisance.

de questions. Le rapport le plus approfondi est celui de M. Eugène Morel, directeur de la *Revue d'art dramatique*, sur le théâtre populaire; il contient les mémoires de Mme Thys, MM. Pottecher, Scherl, Lozier, L. Géhin, Wisner, A. Gosset, J. Auffray. Il y a un rapport féministe rédigé par Mmes Jane Misme et Cécile Max, critiques dramatique et musical de la *Fronde*, sur le sort des professionnelles du théâtre. Il faut consacrer une mention particulière à un congressiste, M. Maret-Leriche, qui a envoyé son opinion catégorique sur la plupart des questions traitées.

Maintenant, toutes ces matières devraient défiler devant le Congrès et servir de thème à ses discussions suivant un ordre méthodique. Mais, sur la demande de M. le président, avec l'assentiment de l'assemblée, l'ordre du jour sera subordonné à la volonté des congressistes présents. Ainsi, on étudiera de suite la question du service médical dans les théâtres, pour épargner un nouveau dérangement au groupe de médecins qui se sont donné rendez-vous dans la salle ce soir.

La question des médecins de théâtre.

M. Gabriel Lefeuve expose qu'il a consulté par une circulaire la plupart des médecins des théâtres de Paris sur leur statistique d'accidents, le matériel mis à leur disposition, leur mode de nomination, leur condition, leurs rapports avec le préfet de police, leur représentation et leurs pouvoirs dans la Commission supérieure des théâtres, etc. Le docteur René Belin, médecin chef de l'Olympia, a répondu d'une façon complète tant sur l'historique que sur l'état actuel de la question, en indiquant les réformes qui lui paraissent logiquement s'imposer. Son étude mérite une citation complète qui trouve naturellement sa place ici :

LA MÉDECINE DANS LES THÉATRES DE PARIS

Par le Dr René Belin,

Médecin chef de l'Olympia.

Historique.

« Jusqu'à une période encore rapprochée de nous, environ de 1868 à 1870, la médecine au théâtre n'existait pas, ou du moins était inconnue au point de vue : réglementation administrative.

« Un médecin, ami des directeurs, portait le nom ou titre de médecin du théâtre ; il y avait ses grandes et petites entrées, y venait ou n'y venait pas sans qu'aucune contrainte pût lui imposer un service.

« Consulté par le petit personnel du théâtre, heureux d'avoir à sa portée un médecin sans se déranger et à *titre gratuit*, le médecin du théâtre ne jouissait pas auprès des artistes en renom d'une réputation scientifique qui pût capter leur confiance.

« Est-ce par hasard ? Tous ces médecins étaient toujours âgés et retirés de la médecine active, qui du reste ne leur eût pas permis de passer toutes leurs soirées à écouter de petits potins d'escalier ou de grandes nouvelles des coulisses et de la rampe.

« Un accident venait-il à se produire, le bon docteur était généralement introuvable et le concierge courait dans le voisinage et finissait par ramener un médecin voisin de bonne volonté, à moins qu'un médecin dans la salle se fût montré assez compatissant pour se priver d'un ou de deux actes d'une pièce dont il avait payé le droit de l'entendre, pour porter secours à un malade ou à un blessé.

« Ce fait pourtant est assez rare, car les accidents légers ou produits dans la coulisse sont généralement ignorés dans la salle, à moins qu'ils ne se produisent en plein sur la scène, ce qui n'arrive que dans les hippodromes, cirques, où se font des exercices athlétiques ou acrobatiques. Or, ces établissements n'avaient pas de médecin et beaucoup, comme nous le verrons plus loin, n'en ont pas encore aujourd'hui, à moins que la Direction n'en prenne l'initiative louable.

Théâtres subventionnés.

« Le service médical fut installé d'abord, par les soins du ministre des Beaux-Arts, dans les deux grands théâtres subventionnés l'Opéra, le Théâtre-Français.

« Un certain nombre de médecins furent nommés titulaires et un certain nombre, suppléants.

« Il fut alloué un fauteuil spécial pour le médecin devant assister à toute la représentation.

« Les obligations de ces médecins de théâtres subventionnés devenaient triples :

« 1° Médecin de secours au cours des représentations (matinées et soirées) et des répétitions générales.

« 2° Médecins pendant vingt-quatre heures de tout le personnel attaché au théâtre.

« 3° Experts, toujours pendant vingt-quatre heures, en cas de litige entre un artiste et l'administration.

« Nous verrons plus loin tous les inconvénients qu'entraîne cette disposition.

« Les médecins de l'Opéra font en outre partie, à des époques déterminées de l'année, de jurys spéciaux destinés à apprécier les qualités physiques des jeunes filles candidates aux cours de chorégraphie.

« Peu après, l'Opéra-Comique et l'Odéon constituèrent à leur tour un service médical.

« Ce dernier service offre une particularité exceptionnelle : il a à sa tête un « chef du service médical », alors que dans les trois autres théâtres subventionnés les médecins sont tous égaux et sous la haute direction de l'Administration.

« De 1872 à 1880 le ministère des Beaux-Arts accrédita quelques médecins ou, pour parler de façon plus précise, commissionna quelques médecins dans des théâtres non subventionnés. Ces médecins faisaient partie des « services » créés depuis lors, au même titre que leurs confrères; mais, en cas de changement de direction, ils furent toujours maintenus, alors que leurs collègues sont éliminés à chaque changement de direction, trop souvent même sans en être informés.

Régime actuel.

« Actuellement tout théâtre (art. 72 du règlement de police des théâtres) est tenu d'avoir à chaque représentation et même aux répétitions générales un médecin présent pendant toute la durée de la représentation. La liste des médecins affectés à chaque théâtre a dû être déposée au bureau de la préfecture de police en novembre 1899.

« En dehors des quatre théâtres subventionnés dont les médecins titulaires ou suppléants sont nommés par le ministre de l'instruction publique et des Beaux-Arts le recrutement des médecins des théâtres est fait de la façon suivante :

« Le directeur, en prenant possession de son théâtre, charge un médecin de ses amis de composer le service médical. Ce médecin prend le titre de *chef du service médical*. Il s'adresse lui-même à quinze ou trente de ses amis (sans trop s'inquiéter de leur zèle ou de leurs aptitudes) et les prie de collaborer à ce genre d'assistance. Il distribue les soirées et les matinées à raison de deux jours ou d'un seul jour par mois et remet au directeur la liste complète des médecins qui ont accepté cette charge.

« Le médecin chef de service, soucieux du bon fonctionnement du service médical doit apporter dans le choix de ses médecins certaines précautions.

« 1° Il est bon qu'il puisse compter au nombre de ses médecins, au moins un représentant des grandes spécialités de l'art de guérir afin d'avoir recours à leurs lumières en cas d'expertise.

« (Les théâtres subventionnés ont des spécialistes en dehors des médecins ordinaires; l'Opéra compte jusqu'à un pédicure).

« 2° Les membres du service doivent être répartis dans tout Paris afin que le chef puisse se décharger sur un de ses collègues des soins à donner aux artistes malades par trop éloignés de son domicile.

« 3° Enfin (ceci a trait surtout aux music-halls dont beaucoup de pensionnaires sont anglais, danois, norvégiens ou russes), il est bon qu'une partie des médecins soit familiarisée avec une langue étrangère.

« On le voit, le choix de collaborateurs sérieux et zélés n'est pas aussi aisé qu'on pourrait le croire *a priori*.

« A ces médecins ne revient l'obligation que d'assister à la représentation deux ou quatre fois par mois, sauf à se faire remplacer en cas d'empêchement par qui bon leur semble. Ces médecins ne concourent en aucune façon aux soins à donner au personnel du théâtre, ni aux expertises parfois très délicates; ils doivent s'asseoir dans un fauteuil le jour dit, ne point partir avant la fin et leur tâche est terminée.

« Ce service, comme celui du médecin-chef, est absolument gratuit. Il est généralement réservé au médecin deux fauteuils d'orchestre.

« Ce système a du bon, en ce sens que, le nombre des médecins étant suffisant, leur tour de garde ne se retrouve pas trop fréquemment; ils peuvent se faire remplacer en cas d'empêchement et laissent au médecin-chef toute la responsabilité des expertises délicates entre une étoile qui, bien protégée, refuse de jouer et un directeur menacé de perdre sa recette si les noms en vedette sur l'affiche disparaissent au dernier moment sous le prétexte d'une migraine opportune ou d'un enrouement facile à simuler.

« L'inconvénient de ce système est facile à déceler; les médecins n'ayant avec l'administration du théâtre aucun lien moral, leur nom étant parfaitement inconnu du directeur, comme peut-être celui du directeur inconnu des médecins, ces derniers n'apportent à leur tâche qu'un zèle très relatif. Qu'une pièce vienne à être jouée un nombre considérable de fois, comme *Miss Helyett*, les *Deux Gosses*, *Cyrano de Bergerac* ou la *Dame de chez Maxim!* » le médecin de service oublie son jour, s'en lasse facilement, se fait remplacer avec une facilité trop grande par des inconnus et le service, malgré les efforts et les appels réitérés du chef de service, languit, souffre et finit par être fort négligé.

« Ce qui pourtant dans cette organisation est excellent, c'est la responsabilité de l'expertise entièrement confiée aux mains du chef de service qui, lui, en contact direct avec la direction, finit par connaître le personnel et, agissant de concert avec son directeur, assure fort bien, en haut lieu, les intérêts de ce dernier, tout en respectant les droits du personnel malade C'est, en somme, le chef du service et son adjoint qui représentent effectivement la médecine du théâtre : les médecins des représentations n'ayant que le rôle effacé de médecins de secours en cas d'accident.

« Dans les théâtres subventionnés le médecin de service a un service effectif de vingt-quatre heures (de minuit à minuit); pendant ce temps il est seul médecin du théâtre et passe le service à son successeur du lendemain.

« Qu'arrive-t-il? Une artiste simule une affection quelconque? le médecin du lundi et du mardi reconnaissent la simulation et refusent tout congé, le médecin du mercredi (peut-être dentiste ou oculiste de profession, s'il s'agit, par exemple, d'une entorse) se laissera facilement duper et accordera trois semaines de congé parfaitement fraudés. Les vrais malades n'ont rien à gagner à ce système. Visités successivement par un homéopathe, un chirurgien, un orthopédiste, un laryngologiste, un accoucheur, un électricien, quelle homogénéité pourra régler leur traitement?

« La facilité de se faire remplacer par un collègue sûr est également un des avantages marqués du régime libre des théâtres non subventionnés.

« A l'Opéra, un médecin empêché ne peut se faire remplacer que par le suppléant officiellement désigné. Il est facile de se représenter l'embarras d'un médecin habitant la Plaine Monceau, par exemple, qui appelé au dernier moment auprès d'un client gravement atteint, doit se faire remplacer par un confrère domicilié quai Voltaire ou rue Gay-Lussac! Dans ce cas le service est presque forcément négligé à moins que les deux collègues aient chez eux le téléphone ; c'est là un point auquel les directions devraient veiller tout particulièrement.

« A l'Olympia, le médecin-chef et médecin-chef adjoint ont tous deux le téléphone à leur domicile, c'est là pour la direction une grande sécurité, en cas d'accident important, même en présence du médecin de service, le médecin-chef ou son adjoint sont immédiatement prévenus.

« Le médecin-chef de service est, en outre, officieusement chargé de toutes les mesures concernant l'hygiène de la salle et de ses dépendances ; il serait à désirer que deux au moins de ces médecins au courant de l'hygiène des théâtres fissent partie de la commission d'inspection des théâtres au même titre que les architectes, électriciens et plombiers qui en font partie actuellement.

« Avant de terminer cette étude sur l'organisation des services médicaux dans les théâtres parisiens, citons une innovation spéciale au théâtre Antoine et imaginée par M. le Dr Vaucaire.

« Au lieu d'utiliser huit, quinze ou trente médecins ayant leur service à date fixe, M. Vaucaire emploie un nombre de médecins très grand. Au début de chaque semestre, il envoie à chacun d'eux une feuille leur attribuant leurs jours de service variables.

« Ce système ne peut avoir comme avantage que de lasser moins les médecins dont le tour de service revient à intervalles plus éloignés, il est utile aux médecins qui, ayant beaucoup de théâtres, risqueraient de voir coïncider le même jour deux ou plusieurs services. Ce système présente en outre une grande équité en évitant par exemple d'imposer au même médecin toutes les matinées du dimanche ou du jeudi, alors qu'un collègue plus privilégié aura le soir une représentation plus intéressante et moins gênante. Malgré tout, il rend la surveillance très difficile et oblige le contrôleur à un travail de recherches dont il doit ne lui savoir que fort peu de gré.

Médecine dans les Cirques, Cafés-Concerts.

« Jusqu'à la nouvelle ordonnance, tous les cirques, cafés-concerts, music-halls étaient dispensés d'un service médical. C'est ainsi que, de 1893 à 1898, les Folies-Bergère n'ont pas eu de médecin de service.

« Tous les Parisiens savent pourtant combien d'exercices périlleux ont eu cette salle pour théâtre et les accidents n'y ont pas manqué. Le directeur d'un de ces établissements répondait invariablement aux personnes étonnées de ce manque de prudence : la salle regorge de médecins ; il s'en trouvera toujours un ou plusieurs capables de porter secours ; la Préfecture, de son côté, considérant les music-halls comme cafés-concerts (à cause du non-changement de décor) n'imposait pas de service médical organisé.

« Le problème est plus complexe qu'on ne se l'imagine à première vue. Les cafés-concerts pullulent à Paris et dans la banlieue ; or, imposer un service médical à la Scala ou aux Ambassadeurs obligeait à la même mesure pour Ba-ta-clan, Bobino ou le concert des Bateaux-Omnibus du Point-du-Jour, ou le concert Européen de la rue Biot ! Un médecin, eût-il vraisemblablement trouvé trente collaborateurs pour assurer un service régulier dans de simples cafés-chantants, j'en doute fort; une mesure de ce genre imposée aux tenanciers de ces établissements modestes eût été prohibitive pour eux et n'eût pas manqué d'attirer à la Préfecture des critiques méritées. C'est là la vraie raison pour laquelle des concerts de premier ordre jouissent encore d'une immunité qui choque à première vue. Le théâtre Déjazet, obligé à un service médical dont est affranchi l'Hippodrome, n'est-ce pas là une contradiction patente?

« Le moyen d'obvier à cette difficulté est simple : la Commission des Théâtres jugeant en dernier ressort quels sont les établissements auxquels il convient d'imposer un service médical.

Conclusions.

« Il résulte de cette courte étude, que nous pourrions documenter bien davantage, que le service médical des théâtres est encore bien imparfait dans l'intérêt tant du personnel même de ces théâtres que du public.

« 1. Le médecin-chef, nommé par M. le préfet de police, devrait ne pas subir les fluctuations du changement de direction.

« Chaque année, M. le préfet, présidant la Commission des théâtres, devrait nommer un médecin-chef et un médecin-adjoint dans chacun des principaux théâtres et concerts (selon leur importance).

« Ces médecins devraient avoir toujours le téléphone à leur domicile.

« 2. Le médecin désigné choisirait un nombre fixe de médecins et de suppléants devant assurer le service des représentations.

« Le médecin-chef se réserverait les premières représentations, et le médecin-chef adjoint les répétitions générales.

« 3. En cas de relâche, l'administration devrait être tenue d'en informer le médecin-chef qui, à son tour, préviendrait son subordonné.

« 4. Tout médecin manquant deux fois sans raisons devrait être exclu « de tous les théâtres » par les soins de la Commission supérieure des théâtres.

« 5. Il serait à désirer que, même dans les théâtres subventionnés, l'exercice de la médecine et des expertises fût séparé du service dit des représentations.

« 6. Nul ne pourrait être médecin-chef de plus d'un théâtre ou concert.

« 7. La Commission des théâtres devrait attribuer au médecin une salle de travail, si possible, en tout cas quatre places honorables pour le service des représentations (à l'Odéon actuellement il est attribué au médecin une loge de seconde).

Annexe.

« Qu'a fait jusqu'à présent le corps médical pour sauvegarder ses droits dans les théâtres? Presque rien. Il y a dix ans environ, un groupe d'amis, médecins de différents théâtres, se réunissait une fois par mois dans un local prêté par un de leurs confrères aux environs des Halles. Le but de leur réunion était l'échange de services différents permettant à chacun d'eux de voir les pièces en vogue en se remplaçant les uns les autres. Ce groupe, dont l'intimité a complètement disparu, est devenu la *Société des médecins des théâtres de Paris*. Cette société, nombreuse aujourd'hui, a gardé le même programme que l'ancienne réunion amicale de la rue du Jour; elle s'est imposé un but plus élevé : celui de modifier la situation du médecin de théâtre, mais que peut-elle obtenir?

« Les directeurs de théâtre n'ont de rapport qu'avec leur chef de service médical. Ce dernier, nommé et révoqué par eux suivant leur bon plaisir, ne peut qu'être leur docile subordonné et les revendications d'un groupe comme celui formé par les membres d'une société resteront lettre morte, les directeurs étant maîtres de choisir parmi les 3.000 médecins de Paris ceux dont ils escomptent le plus la science ou le dévouement.

« Les médecins de théâtre devraient donc, avant tout, tenir leur mandat de l'autorité préfectorale, ils auraient ainsi la franchise et l'indépendance nécessaires pour exécuter leur devoir d'une façon nette et élevée, ce qui a toujours fait l'honneur du corps médical de Paris.

« DOCTEUR RENÉ BELIN. »

Le travail complet de M. Droubaix, secrétaire général de la rédaction du *Paris-Théâtre médical*, vient ensuite, et M. Lefeuve en cite les parties originales. Tout d'abord, c'est un exposé intéressant des services rendus par les médecins de théâtre.

« En principe, dit M. Droubaix, un médecin de service dans un théâtre doit donner ses soins aux spectateurs et aux artistes qui se trouvent malades ou simplement indisposés.

« La statistique des accidents dressée par le secrétaire général de la *Société des médecins de théâtre* prouve combien est utile la présence d'un médecin au cours d'une représentation. Ils sont très nombreux les cas où son intervention est nécessaire : depuis la simple indisposition, qu'on a désignée sous le nom de mal de théâtre, jusqu'aux accidents les plus graves dont quelques-uns ont été suivis de mort. On se rappelle encore la mort subite de ce pauvre Maxime Boucheron au cours d'une matinée à l'Olympia; à citer encore cet accouchement qui s'est produit dans un grand music-hall.

« Le rôle du médecin ne se borne pas toujours à donner des soins d'urgence; il arrive fréquemment que, pendant un entr'acte, le médecin est appelé sur la scène à donner un avis parfois même une véritable consultation à un artiste ou à un employé du personnel.

« Il est arrivé aussi qu'un directeur ait prié le médecin de service de se rendre au domicile d'un artiste pour y constater si cet artiste se trouvait réellement dans l'impossibilité d'assister à la représentation pour cause de maladie.

« Le docteur Duchesne, un des fondateurs de la *Société des médecins de théâtre de Paris* a relaté une visite de ce genre dans un article paru dans le *Paris-Théâtre médical* du mois de mai 1900.

« Il n'est donc pas douteux que le médecin rend de grands et nombreux services, contrairement à l'opinion émise par le directeur d'une grande administration de la ville de Paris, opinion partagée du reste par quelques directeurs de cafés-concerts où cependant les exercices gymnastiques et acrobatiques jouent un rôle important; il est vrai qu'ils profitent du peu de précision des règlements de police à leur égard.

« En résumé, comme le dit très bien un article du *Paris-Théâtre medical* (n° de mars 1900) :

« Le directeur d'un théâtre doit considérer son service médical comme « un rouage important, je dirai même indispensable au bon fonctionnement « de son entreprise. » J'ajouterai même qu'on doit le considérer comme un service public et lui accorder toute l'importance qu'il mérite. »

M. Lefeuve observe la coïncidence de vues qui s'est produite entre M. Droubaix et M. Belin touchant la nomination par le préfet de police de médecins attachés à chaque théâtre et leur mise à l'abri des fluctuations parfois fréquentes qui se produisent dans la direction. Mais il fait remarquer l'opinion originale qu'émet M. Droubaix en suggérant la transition suivante : « En attendant qu'on puisse atteindre à cet idéal, on pourrait, comme moyen terme et comme cela s'est récemment produit, charger la Société des médecins de théâtre d'organiser les services médicaux, les membres de cette société ayant pour principe absolu de faire ou d'assurer très régulièrement leur service. »

Il est ensuite donné connaissance de la réponse suivante du docteur Hanriot à M. Lefeuve, qui avait sollicité une communication de l'honorable membre de l'Académie de médecine sur les analyses de l'air vicié des salles de spectacle, dont l'administration l'avait chargé :

RÉPONSE DU DOCTEUR HANRIOT

« Les expériences, dit le Dr Hanriot, ne sont encore qu'à leur début. J'ai fait cet hiver quelques expériences dans trois théâtres choisis parmi les moins bien tenus, surtout pour étudier la méthode que je compte appliquer. Les premiers résultats semblent indiquer des conditions hygiéniques déplorables, mais, encore une fois, j'ai choisi pour commencer les théâtres les plus défectueux. Je ne sais si j'aurai terminé dans le courant de l'hiver; mais, en tout cas, je tiendrai à votre disposition les résultats que j'obtiendrai au fur et à mesure des expériences. Nous pourrons du reste en causer utilement au mois de novembre. »

LE COMITÉ INTERNATIONAL PERMANENT

M. Lefeuve fait, au sujet des derniers mots précédemment cités, une communication qui se rapporte également à la réponse du

Dr Guinard dont il parle ensuite. Il annonce qu'il n'a pas l'intention de laisser tomber dans l'oubli les études intéressantes que le Congrès de l'art théâtral a fait naître et centralisées. Il compte, au contraire, en perpétuer l'action à l'aide d'un Comité international permanent déjà créé.

RÉPONSE DU DOCTEUR GUINARD

« Toutes les questions, écrit le Dr Guinard, que vous nous posez relativement aux médecins de théâtre sont fort intéressantes. Il est vraiment stupéfiant que le corps médical ne soit pas représenté dans la Commission supérieure des théâtres. Mais je crois que le Congrès ne doit, ou plutôt, ne peut servir qu'à créer un mouvement dans le sens voulu et qu'il faut instituer, pour aboutir à quelque chose, un comité formé d'éléments vivants et décidés à aller de l'avant. »

Communications diverses :

DU DOCTEUR O' FOLLOWELL

M. Lefeuve poursuit l'analyse des réponses qui lui ont été adressées par les docteurs Philippeau, Le Roy de Méricourt, membre de l'Académie de médecine; Petit, secrétaire général du Congrès contre l'abus du tabac; Marcel Baudoin, directeur de l'Institut international de bibliographie scientifique; Berthod, Vollier, A. Moutier. « Le Dr O'Followell, ajoute-t-il, insiste sur la nécessité absolue qu'il y aurait à ce qu'une « loge médicale » existât dans tous les théâtres c'est-à-dire une loge où se trouveraient, et en parfait état d'entretien, tous les médicaments et objets de pansement nécessaires en cas d'accident. La boîte de secours actuelle, qui se trouve du reste presque toujours en mauvais état, est insuffisante. La nécessité de cette « loge médicale » s'impose tout particulièrement dans les cirques, music-halls, cafés-concerts, etc. »

DU DOCTEUR DUCHESNE

« Il est aussi utile, répond également le Dr Duchesne, d'avoir dans la salle un médecin de service que des pompiers... Le préfet de police, dans un récent arrêté, exige que tous les théâtres aient un cabinet réservé au médecin, mais c'est le contrôle qui l'occupe. »

Toutes ces réponses, continue M. Lefeuve, ont été remises en leur temps à M. le Dr Séguel pour l'établissement d'un rapport d'ensemble sur la question.

RAPPORT DU DOCTEUR SÉGUEL

M. le Dr Séguel lit un rapport imprimé. Il établit ainsi la bizarrerie qui consiste à exclure le médecin de la commission supérieure des théâtres :

« Tout d'abord il faut faire remarquer l'étrange anomalie qui fait que le médecin est absent de la Commission supérieure des théâtres, qui comprend à peu près tous ceux qu'on doit y appeler, depuis le préfet de police jusqu'au chef machiniste, à l'exception toutefois des représentants du corps médical. »

Il conclut en posant les revendications suivantes :

« 1° Une place bien désignée pour la commodité du service médical qui doit être aussi près de la scène que d'une des sorties latérales.

« 2° Dans chaque théâtre, *obligatoirement*, un cabinet garni des instruments d'urgence, avec un robinet d'eau potable sous la main, une boîte de secours complète et en bon état, — et où ne subsisteraient pas seulement des flacons à demi vides et inutilisables.

« 3° La question des jetons de présence aussi bien que des honoraires offerts par le public pour la consultation donnée au théâtre, serait réglée entièrement et d'une façon formelle, le médecin ne sachant jamais s'il doit ou non accepter les honoraires qu'on lui offre.

« 4° L'inspection du service médical assurée par un médecin étranger au service du théâtre, changé tous les ans, et qui signalerait au directeur et au médecin en chef l'état dans lequel il a trouvé le cabinet et la boîte de secours.

« 5° Réglementation étroite des cas spéciaux où le médecin peut être appelé, au dehors du théâtre, auprès des artistes aussi bien que pour constater la maladie, cause de l'absence.

« 6° Le médecin de théâtre est-il fonctionnaire? Quelle est au juste sa responsabilité?

« 7° Établissement d'un livre de signature, au contrôle, qui éviterait toute contestation vexatoire de la part du contrôleur et mettrait à l'abri des fraudes, empêcherait la substitution d'un intrus au médecin de service, rendrait impossible l'exercice illégal de la médecine au théâtre, même par un pharmacien, dentiste ou un élève en médecine.

« 8° Création d'un registre paraphé, par la préfecture de police, où le médecin de service serait obligé à consigner les cas où son intervention a été requise.

« 9° Enfin, la présence de médecins dans la Commission supérieure des théâtres aurait peut-être pour effet d'amener certain directeur de music-halls considérables, qui dirige dans Paris jusqu'à trois établissements à la fois, où la foule est énorme tous les soirs, où figurent au programme à chaque représentation des exercices de force et de gymnastique fertiles en accidents graves, à ne pas considérer comme lettres mortes les articles 66 et 69 de l'Ordonnance de police concernant les théâtres, en l'obligeant formellement à assurer un service médical dans ses établissements. »

Discussion.

M. Bernheim, commissaire du gouvernement, s'engage spontanément à plaider auprès de M. le ministre de l'Instruction publique en faveur de l'introduction d'un médecin dans la commission supérieure des théâtres.

M. le président relève cette marque de sollicitude du gouvernement français et de son représentant, qui veut bien adhérer aux vœux émis par le Congrès avant même qu'ils soient prononcés.

M. Bernheim, s'adressant à M. Eisenmann, rend hommage à l'Allemagne chez qui se trouve un des bons modèles d'organisation théâtrale. En songeant aux efforts faits à Berlin par M. Lowenfeld, qu'il considère comme le précurseur de M. Antoine à Paris, il fait une digression vers la question du théâtre populaire.

M. Antoine s'associe à l'hommage de M. Bernheim.

M. le président ramène l'assemblée à la discussion du rapport du Dr Séguel.

M. le Dr Philippeau, éditeur de l'*Annuaire des médecins de théâtre*, complète les observations précédentes. La liste des desiderata des médecins est depuis longtemps dans les dossiers de la Préfecture de police, à laquelle on pourrait se contenter de demander : d'abord l'application stricte de l'ordonnance en vigueur; puis son extension aux cirques et cafés-concerts; enfin les moyens d'assurer contre les changements ou les caprices des directeurs la stabilité de chaque médecin.

M. Bernheim répond qu'il n'y a pas à s'immiscer dans les libres volontés du directeur.

M. Berny, directeur du théâtre des Bouffes-Parisiens, ajoute que les médecins ne sont nommés que grâce à la faveur d'un directeur et qu'ils n'ont aucune raison de se considérer comme revêtus soudain d'une importance particulière.

M. Lefeuv[illegible] que le médecin de théâtre peut cependant justifier ses prétentions [illegible]n traitement meilleur, pourvu que ce soit en échange de certain[illegible] obligations nouvelles auxquelles il serait astreint dans l'intérêt du public. Rompant avec la marche suivie dans les autres sections, il présente de suite ce vœu :

Vœu proposé.

« Messieurs les médecins de théâtre, achevant de se grouper en un unique syndicat, s'entendront au sujet du choix d'un délégué à la Commission supérieure des théâtres. Ils lui donneront mandat de faire aboutir les réformes souhaitées par eux, telles que l'établissement d'un local et d'un matériel de secours en bon état dans tous les lieux publics de plaisir, la fixation d'honoraires pour tous soins donnés — mais ceci en retour de l'obligation pour le médecin, depuis l'ouverture jusqu'à la fermeture des portes, à une présence personnelle constatée par une feuille de présence. »

Discussion.

M. Aderer et M. Bernheim déclarent ne pas se rallier à une rédaction qui ne semble pas laisser le droit à l'Administration de choisir librement le nouveau membre de la Commission et de déterminer la nature de ses fonctions.

M. Lefeuve réplique qu'en ce cas les fonctions du futur membre de la Commission se réduiront immanquablement, suivant les errements de cette Commission, à une simple intervention d'hygiéniste lors des constructions théâtrales. Cela ne peut suffire à remplir le vœu précis des médecins présents dans la salle, qui recherchent avant tout l'amélioration à leur point de vue du service médical dans les théâtres.

M. Bernheim dit que c'est un hygiéniste, rien de plus, dont il promet solennellement de demander la nomination, et qu'il n'a pas souci du reste.

M. le Dr Philippeau signale que, s'il ne s'agit pour la Commission que d'acquérir un médecin hygiéniste, elle en a déjà un, le Dr Bordas, lequel se refuse précisément à être le porte-parole des médecins de théâtre.

M. le Dr Séguel explique l'intérêt d'attacher à la Commission un praticien, non un médecin de laboratoire.

M. Prost demande alors à M. Eisenmann quel est le fonctionnement du service médical dans les théâtres d'Allemagne.

M. le président réclame qu'on évite d'approfondir chaque question, le temps étant fort limité.

M. Lefeuve, sur la demande de M. Aderer, présente plusieurs rédactions successives de son vœu.

La résolution adoptée se réduit à ceci :

« Le Congrès remercie M. le Commissaire du Gouvernement de la faveur qu'il a bien voulu manifester à la proposition de faire place dans la Commission supérieure des théâtres à un médecin. »

M. Lefeuve annonce que la séance du lendemain matin sera réservée à l'étude des améliorations de la vie professionnelle, celle du soir à l'étude des conditions d'un théâtre parfait. Il divise ainsi l'ordre du jour du matin : prendre l'artiste à l'âge d'enfant ; examiner l'enseignement qui lui est donné ; l'accompagner dans les agences, durant le contrat qui le lie au directeur ; dans la faillite des entreprises, songer à sa caisse de secours, à sa retraite, à un orphelinat pour ses enfants et à sa veuve.

La séance est levée à onze heures du soir.

SÉANCE DU 31 JUILLET, AU MATIN

Les intérêts des professionnels.

La séance est ouverte à neuf heures du matin, sous la présidence de M. Adolphe Aderer.

Protection de l'enfance.

M. Gabriel Lefeuve soulève la question de la réglementation protectrice du travail de l'enfant au théâtre.

M. Lozier condamne la tolérance en vertu de laquelle l'Opéra paralyse, par des excès de travail, l'instruction des élèves danseuses. Il faudrait établir pour elles, dans l'Opéra même, une école enfantine.

M. Foa, délégué italien, qui, à cause du deuil national de l'Italie, n'assiste qu'incognito à la séance, signale que la Scala de Milan a donné déjà cet exemple.

Il résulte d'un échange d'observations entre Mme Moreau-Marmignat, M. Wisner et M. Morel que le conseil de l'enseignement primaire a songé aussi aux petits forains.

M. le président appuie vivement et met aux voix le vœu de M. Lozier, en faveur de la création d'une école pour les danseuses à l'Opéra. (*Adopté.*)

M. Saugey réclame pour les théâtres de province l'autorisation d'employer eux aussi des enfants. M. le président met aux voix ce vœu qui est adopté.

L'enseignement professionnel théâtral.

M. Gabriel Lefeuve en arrive à l'enseignement donné en vue du théâtre. Il mentionne les idées de M. Maret-Leriche, à propos du Conservatoire.

L'ENSEIGNEMENT DES FEMMES PAR LES FEMMES

Résumé du rapport de Mmes Jane Misme et Cécile Max.

Il présente un long rapport de Mmes Jane Misme et Cécile Max, critiques dramatique et musical de la *Fronde*. Ce rapport, établi sur des documents envoyés entre autres par Mmes Marguerite Durand, Thénard, Hermann, Brochard, Fillaux-Tiger, baronne de Grandval, Laparcerie, Marianne Chassaing, Sureau-Bellet, Michel Sichel, Marie Lemaître, Lemay-Samson, Mlles Achard, Anslaux, Bressler, Pacary; MM. Luigini, E. de Solenière, Delaborde, etc., conclut en formulant le vœu que, pour l'amélioration des résultats, les élèves-femmes des Conservatoires soient enseignées par des professeurs-femmes, que les femmes soient admises en juste proportion comme membres du jury dans les examens et concours, que les théâtres d'Etat reçoivent les femmes comme musiciennes d'orchestre et améliorent la condition d'engagement des comédiennes, par exemple, à la Comédie-Française, en régularisant leur admission au Comité de lecture.

M. le président prie M. Lefeuve d'ajourner tous ces développements à un Congrès spécial des Conservatoires ou au Congrès féministe.

Cependant, M. Lefeuve réclame que le travail très important fourni par M. Darmont trouve sa place en cet endroit. M. Darmont veut réédifier sur les bases d'une solide instruction générale l'enseignement de l'artiste.

PROJET DE RÉFORME DU CONSERVATOIRE. — UNE ÉCOLE NORMALE DES ARTISTES DRAMATIQUES

Résumé et extraits du rapport de M. Darmont.

« Il ne s'agit pas, dit-il, de combattre ou de détruire, mais d'édifier, au moins de solidifier. En appelant les sciences les plus diverses au secours d'une seule science, en les réunissant en un seul point de vue, en déterminant de vagues espoirs à peine formulés, en y ajoutant des observations particulières et, autant que nous le pouvons, précises, notre seul but est : « L'Utilitarisme » ! Servir à la progression de l'art théâtral et du même coup être utile aux nombreux aspirants comédiens que la grande bouche du masque antique de Melpomène attire irrésistiblement et dévore chaque année. »

Après ce préambule où il indique suffisamment son projet de fonder quelque université dramatique où toutes les sciences viendraient converger pour mettre en valeur la science du drame, M. Darmont fait une critique serrée et impitoyable de notre enseignement dramatique actuel. Estimant que les six cours de notre Conservatoire se réduisent en réalité à un seul, celui de *Déclamation*, il établit que la déclamation est-en réalité la base et le couronnement de tout l'édifice éducatif de notre art dramatique.

« Quel enseignement, dit-il, les élèves du Conservatoire reçoivent-ils donc? Très brièvement, le voici :

« Ils ont été admis dans un préalable examen après avoir récité une ou deux tirades, un fragment ou deux, de scène; dès son inscription faite, chaque élève n'a qu'une préoccupation : choisir, apprendre une autre tirade, une autre scène, pour être à nouveau admis à concourir en public à la fin de cette première année. Et le professeur l'aide dans son choix.

« Or, c'est cette unique scène arrêtée, que l'élève va passer des jours à triturer, si c'est un travailleur; c'est cette unique scène, comique ou tragique, que l'élève, pour toute éducation dramatique, va répéter devant le maître, en essayant de retenir toutes les inflexions, toutes les nuances que ce dernier s'applique très laborieusement à lui donner en exemple.

« Et c'est tout.

« Et vu le nombre des élèves, ceux-ci recevront de leur maître une moyenne de douze leçons semblables dans toute l'année.

« Certes, on les aura vaguement invités à suivre les cours de littérature, d'escrime et de maintien ; mais, ils auront préféré aller jouer la comédie à Versailles ou à Etampes; et c'est ainsi qu'ils arriveront au grand concours avec un peu de métier, acquis hors de l'école, et sachant à peu près une scène *imitée* de leur professeur.

« Et le dommage c'est qu'avec le don d'assimilation extraordinaire, si commun chez les femmes, cette *imitation* produit parfois un feu d'artifice aussi merveilleux que trompeur!...

« Aussi, pour que le comédien arrive à la perfection relative, puisque la perfection absolue est inaccessible à la nature humaine, lui faut-il de longues, de très longues années d'énergie et de persévérance, alors qu'autour de lui, l'on en est à parler et à agir par l'électricité.

« C'est pourquoi, après nous l'être longtemps demandé à nous-même, nous venons poser ici l'interrogation suivante : serait-il donc si contraire au progrès que de vouloir espérer de vrais comédiens avant l'âge où le public est près d'en regretter la perte? Serait-il donc si contraire au progrès et à la raison que de vouloir, par un mode d'études définies, abréger les difficultés de cet art multiple, développer les dispositions, indiquer les routes sûres et procurer, en moins de temps, une expérience que l'acteur de nos jours, faute d'école, doit mettre vingt ans et plus à acquérir, à la condition d'être, pour ainsi dire, tout l'inventeur de son talent? »

Non ! — C'est une nécessité de l'heure présente, et, pour donner à cette grave question la solution qu'elle mérite, il ne faut pas hésiter à créer pour l'enseignement dramatique une technique éducatrice générale, ainsi qu'on a bien su le faire pour les autres ordres d'enseignement. Ce n'est rien moins qu'une *Ecole normale* des artistes dramatiques que M. Darmont prétend fonder. Imposant aux candidats tragédiens, mais à ceux-là seuls, une sorte de conseil de revision qui rétablirait le « *beau-canon* » des Grecs, il répartit l'enseignement qu'il juge nécessaire aux artistes en quatre sections et dix-huit subdivisions ainsi groupées :

« 1re *Section* : Histoire du théâtre et de la littérature dramatique. — Mythologie grecque. — Esthétique sur la nature et sur les arts.

« 2e *Section* : Philosophie. — Métaphysique. — Psychologie. — Physiologie. — Physique et anthropologie.

« 3e *Section* : Technesthétique « ou l'art de la parole et l'art du geste. » — Prosopographie « ou l'art de la plastique et du maintien ». — Eléments phoniques. — Phoniscopie, Géloscopie « ou la voix, et le rire. — Hygiène.

« 4e *Section* : Lecture à haute voix. — Diction. — Mimique. — Jeux scéniques préparatoires. — Classe d'application théâtrale. — Concours publics. »

Reprenant en détail chacune des parties de ce vaste programme, M. Darmont en soutient avec des arguments tirés des faits, de l'histoire, de l'art en général, le bien fondé, l'utilité, sinon la nécessité. La partie technique des études de l'artiste dramatique s'enrichit singulièrement dans cette refonte totale de son enseignement. L'élève débute par des lectures de chefs-d'œuvre qui, tout en le familiarisant avec la littérature des grands maîtres, le dégrossissent pour ainsi dire dans la partie matérielle de son art. La diction simple se développe ensuite. Le cours de mimique pratique, très développé, donnerait alors au comédien apprenti l'habitude de la réflexion et celle de l'effort, nécessaires toutes les deux pour atteindre le résultat visé. Cette dernière classe, jointe à celle de diction simple, aboutirait à la formation d'un cours de jeux scéniques préparatoire et précurseur d'exécutions d'ensemble qui ne seraient, sous une forme nouvelle et féconde, que le « *Théâtre d'application* », introuvable jusqu'à ce jour, et, si l'on voulait aller jusque-là, le « *Théâtre-Populaire* » lui-même.

« Nous pensons, dit en terminant M. Darmont, que notre *Ecole normale* aiderait non seulement à faire des hommes instruits et armés pour l'exercice de leur art, mais qu'elle écarterait cette majorité d'âmes vaines, vulgaires, ignorantes et poseuses qui contrebalance, qui annihile, qui noie la force des rares et véritables artistes. »

M. Lozier pense que ce programme impose un travail à dose trop forte.

M. Prost et M. Lozier ajoutent qu'il ne s'agit pas d'une science, mais d'un art dramatique, et que l'essentiel, pour faire un bon artiste, est avant tout d'être né tel.

LES INSTRUMENTS ENREGISTREURS MOYENS D'ENSEIGNEMENT

Proposition de M. G. Lefeuve.

M. Gabriel Lefeuve ouvre alors la discussion sur l'utilité des instruments enregistreurs de la voix et du geste comme moyens d'enseignement. Il les juge suffisamment perfectionnés aujourd'hui pour transmettre fructueusement aux générations à venir les acquits à grand'peine accumulés par la génération présente. Il combat énergiquement les doutes émis par M. Lagrange sur ce point et fait part au Congrès du bon accueil qu'ont réservé à ses démarches les négociants de films et de phonogrammes tout enregistrés. Quelques-uns, soit spontanément, par esprit de bonne camaraderie, soit à la suite de renseignements qu'ils sont allés prendre au dépôt légal, seraient disposés à gratifier un Comité, déjà réuni, des premiers éléments constitutifs d'une collection. Il serait à désirer que M. Charles Malherbe acceptât la mission de conserver et d'enrichir cette collection dans la bibliothèque de l'Opéra.

M. Lefeuve appuie ces considérations par la lecture des rapports de MM. Georges Vitoux et Alfred Giraudet, ce dernier professeur au Conservatoire; par la communication de notes envoyées sur le même sujet par MM. Auguste Dorchain et Louis Saraz.

LE PHONOGRAPHE. — ENREGISTREMENT DU CHANT

Résumé et extraits du rapport de M. Vitoux.

M. Vitoux, dans son travail, dit :

« Assurément, si améliorés que soient les appareils réalisés aujourd'hui, l'on ne peut espérer leur voir restituer les sons inscrits avec le caractère et les timbres propres à la voix humaine. Mais, si les auditions phonographiques demeurent toujours plus ou moins nasillardes et font songer aux sons proférés à l'aide d'une pratique, du moins ont-elles cette qualité précieuse de donner avec une fidélité absolue, sous la condition que le cylindre de cire se déroule à l'audition avec la même vitesse qu'à l'enregistrement, toutes les particularités phoniques du morceau enregistré.

« Il en résulte qu'une audition phonographique parfaite pourra n'être pas tout à fait agréable pour le spectateur, mais que celui-ci, au cas où le musicien, chanteur ou instrumentiste, ayant impressionné le cylindre de cire, aura commis une faute, trouvera toute commodité pour retrouver cette faute qui apparaîtra alors d'autant mieux que le timbre spécial de l'instrument tendra à en accentuer le caractère.

« La conséquence d'un tel état de choses est que le phonographe peut être utilisé pratiquement par un artiste pour certaines études, soit qu'il veuille rechercher s'il exécute réellement sans faute un morceau quelconque, soit qu'il mette à profit la faculté que lui donne l'appareil de reproduire à peu près indéfiniment un morceau fixé sur la cire pour apprendre lui-même à exécuter correctement cedit morceau au préalable inscrit par le maître. »

M. Vitoux propose d'organiser une bibliothèque phonographique réservée à l'enseignement et composée de rouleaux impressionnés par les maîtres du chant dont on conserverait ainsi de façon indéfinie un souvenir précieux, souvenir que l'on pourrait, à l'occasion, consulter utilement pour fixer par exemple certains points de traditions...

« Comme sanction pratique en vue des diverses utilisations du phonographe, tant comme appareil d'études musicales ou de diction que comme instrument d'auditions publiques, il pourrait y avoir lieu d'organiser un ou des concours de phonographie, au cours du ou desquels une commission nommée par le Congrès serait chargée de déterminer le choix du meilleur modèle de phonographe à adopter pour les impressions types, ainsi que de fixer les règles les plus propres à obtenir de bonnes impressions. »

A côté de M. Vitoux qui, lui aussi a abordé la question du cinématographe, poursuit M. Lefeuve, M. Giraudet a donné dans son mémoire une place prépondérante à l'étude de cet instrument enregistreur. Il l'envisage au point de vue de la technie du geste et de la notation des mouvements.

LE CINÉMATOGRAPHE. — ENREGISTREMENT DU GESTE

Extrait du rapport de M. Giraudet.

« On peut dire que jusqu'à présent la technie du geste n'a pas été l'objet d'une véritable étude, énonce M. Giraudet. Les ouvrages de Darwin, de Duchesne de Boulogne, Gratiolet, Montegazza, Maret, Dr Nicolas, etc..., pour ne citer que les plus connus, peuvent être considérés plutôt comme une suite d'observations fort intéressantes que comme une étude vraiment profitable à l'enseignement des arts d'imitation : peinture, sculpture, art dramatique. L'expression d'un sentiment est renfermé dans un détail parfois si subtil que le plus grand artiste n'est pas toujours certain de pouvoir le reproduire.

« Le cinématographe est, lui, immuable; il révèlera dans ses moindres traits ce qui aura été. Pourquoi ne profiterait-on pas de cet instrument pour étudier le geste scientifiquement?

« Le geste scientifique doit être le geste naturel, et le geste naturel est basé sur les lois fondamentales de la Nature, comme je l'ai dit dans mon ouvrage « Physionomie et Gestes », c'est-à-dire sur l'application du rythme proportionnel des parties mues; sur l'équilibre perpétuel des mouvements, etc... L'observation instantanée des phénomènes, sans cesse fugitifs, est si délicate, il faut une si longue et si laborieuse pratique pour en tirer tout le fruit nécessaire, que le geste est resté un art absolument ignoré, et l'on peut voir journellement des artistes des plus distingués se méprendre absolument sur la valeur d'une attitude ou d'un mouvement. Evidemment, on ne peut discuter ce que l'on ne peut analyser : or, je pense qu'à l'aide du cinématographe, avec la faculté de saisir sur la nature même des milliers de mouvements et la faculté d'en reproduire l'exécution, on pourra, avant peu, par les procédés de toute science, arriver à un classement méthodique, et, à ce moment, trouver facilement ce qui a semblé impossible, une notation, voire un langage pour caractériser chaque mouvement. Les résultats scientifiques de cette science nouvelle du geste auraient certainement un énorme rayonnement et l'art y gagnerait en beauté, en vérité et en puissance...

« Puisse le Congrès être saisi de l'importance de l'idée et faire surgir par cette science nouvelle un rayon inconnu des magnificences de la Nature. »

LA DANSE ENREGISTRÉE

Extrait du travail de M. A. Dorchain.

Pour terminer l'étude de la notation de la voix et des gestes en général et celle du mouvement en particulier, M. Lefeuve lit quelques notes envoyées par M. Auguste Dorchain sur ce sujet : « Les chorégraphes, écrit ce dernier, n'ont jusqu'ici, à ma connaissance du moins, pu noter que les mouvements des pieds; la durée des positions, le corps et les bras échappent à leur écriture. Le cinématographe ne serait-il pas l'enregistreur complet et idéal? Est-il besoin de chercher autre chose? Justement, ces jours-ci, j'entendais une grande et délicieuse artiste, Mlle Zambelli, exprimer le saisissement que lui avait causé, dans un des théâtres de la « rue de Paris », la reproduction cinématographique, accompagnée de la musique, d'un de ses pas dans le ballet du *Cid*. La voilà, la notation complète, authentique et définitive ! »

M. Prost ajoute qu'à ce souci de conservation utilitaire, qui tend à perpétuer les grandes leçons données de leur vivant par les artistes disparus, il voudrait joindre une préoccupation empreinte d'une juste piété reconnaissante envers leur mémoire; ce sentiment trouverait, selon lui, son expression moins dans la formation d'un musée des artistes que dans l'érection d'un monument à leur souvenir comme il en a été érigé un « aux Victimes du Devoir ».

M. le président met aux voix le vœu présenté à cet effet. (*Adopté.*

DU DROIT DE L'INTERPRÈTE SUR LA REPRODUCTION DE SES CRÉATIONS

M. Foa lit une étude qui traite un point subsidiaire de la question : il s'agit du droit de l'acteur sur les reproductions phonographiques et cinématographiques de ses rôles.

M. Lefeuve soutient qu'en effet l'interprétation est une véritable création, une collaboration effective de l'artiste exécutant avec l'auteur de l'œuvre proprement dit.

DÉFENSE DU DROIT DES AUTEURS

M. le président riposte que l'auteur est déjà trop dépouillé par les interprètes, par exemple, dans les salons où ses droits ne sont pas perçus. Il met aux voix et fait adopter un vœu tendant à protéger l'artiste dans les reproductions mécaniques de son interprétation, mais un autre vœu également pour la protection des auteurs dans les représentations qui se donnent en dehors des théâtres.

M. Lefeuve, pour compléter l'exposé des questions intéressant les auteurs, présente une série de communications envoyées au Congrès.

DU CHOIX DES ŒUVRES

D'abord, un rapport de M. Fouquet réclamant des expositions périodiques de répertoire théâtral où les échantillons des œuvres les meilleures seraient comparés et primés, et un mémoire de M. Jean Carvalho qui revendique pour l'auteur dramatique, dont personne ne parle une consécration que les autres artistes possèdent et dont lui seul se trouve privé, savoir : un *grand prix* d'*Art théâtral* assimilable au grand prix de Rome.

Dans le même ordre d'idées, un rapport de M. Allard qui envisage la difficulté du choix des œuvres à représenter ; il préconise la création d'un jury très vaste, comprenant mille personnes nommées à tour de rôle à cette délicate fonction ; l'auteur est présenté au jury par quatre parrains autorisés ; le verdict est sans appel.

UN THÉATRE D'ART

Résumé du rapport de M. A. Mortier.

Puis, un travail important de M. Alfred Mortier sur la création d'un *Théâtre d'art*. M. Lefeuve expose la thèse de l'auteur qui pense, avec Gœthe, « qu'il faut une longue culture pour comprendre la beauté... et que le vrai succès dépendant de l'appréciation d'une élite finement et hautement cultivée, c'est de cette élite restreinte, le drame n'eût-il qu'une seule représentation, que dépend la véritable gloire de l'artiste ».

Partant de ce point de départ, M. Mortier estime que le « drame d'espèce lyrique », celui qu'anime « l'âme lyrique », l'âme de liberté qui « a le droit de se créer à soi-même et son *accent*, et ses *formes*, et ses *règles* » ne trouve pas dans l'organisation du théâtre actuel l'occasion de se développer. Car « il faut qu'un directeur de théâtre remplisse sa salle tous les soirs sous peine de faillite à brève échéance. De là est né le mercantilisme du théâtre. En vertu de ses conditions matérielles d'existence, un théâtre est avant tout une *affaire*. Fatalement le directeur est tenu de rechercher la pièce qui *fera de l'argent*, c'est-à-dire qui conquerra le suffrage des masses, qui amusera cette hydre à cent mille âmes qu'est le public des cent représentations constituant un succès. » Or, ce public « n'admet parmi les auteurs que ceux qui ne sont pas trop déraisonnables ; il est choqué par trop de liberté ; il ne tolère que les fausses audaces ; il ne supporte point qu'on propose à son entendement des problèmes trop élevés, ni des subtilités d'âme trop ténues; il punit de sa réprobation, pis encore, de son indifférence celui qui s'écarte par trop de la tradition ou qui se relie à des traditions trop lointaines.

« Les idées trop neuves le blessent au même titre que les idées trop vieilles, et les formes trop hardies à l'instar des formes démodées. Le public, en définitive, ne supporte le génie ou le talent, c'est-à-dire l'individualité, qu'à la condition qu'elle revête prudemment un aspect coutumier. »

Une double preuve que la nécessité d'un théâtre libre s'est fait sentir, poursuit M. Mortier, s'est manifestée par la création de « théâtres à côté » qui ont dû périr faute de fonds suffisants, et par la subvention que l'État a toujours accordée à certains théâtres qui n'ont pas rempli le programme espéré :

« N'est-ce pas à l'initiative privée que nous devons la révélation de certaines œuvres et de certains noms ? Ne sont-ce pas les théâtres dits à côté qui, avec des ressources dérisoires, ont fait éprouver à l'élite ses plus fortes sensations d'art. Théâtre-Libre, Œuvre, Théâtre d'Art, Théâtre des lettres, des poètes, Escholiers, etc. ont inscrit dans leurs annales des soirées sans lendemain, mais glorieuses autant et plus que maints succès officiels. Aucun directeur n'eût osé pourtant affronter le public avec de tels ouvrages. Mais alors la scène française eût ignoré Ibsen, Bjœrnson, Tolstoï, Hauptmann, Shelley, etc... »

D'autre part, « l'État, on le sait, subventionne assez largement nos deux grands théâtres littéraires, la Comédie-Française et l'Odéon. Dans l'esprit du gouvernement une partie de ces subventions est certainement destinée à favoriser le mouvement dramatique en France par l'éclosion d'œuvres nouvelles et de noms nouveaux. Mais qui ne voit en réalité qu'en dépit des subventions nos deux théâtres nationaux sont à peu de chose près dans la même situation que les autres? A côté des préoccupations littéraires, eux aussi sont tyrannisés par la question financière et, par conséquent, entachés de mercantilisme ; de temps à autre, presque à regret, ces théâtres, afin de maintenir la tradition et de justifier la subvention, représentent une œuvre de tendance lyrique. Ils ont soin de la choisir exempte d'audace dans le fond et de hardiesse dans la forme, et signée, autant que faire se peut, d'un nom consacré, afin qu'elle ait quelque chance de couvrir tout au moins les frais. »

Pour combler cette grave lacune qu'il signale dans l'organisation actuelle de l'Art théâtral, M. Mortier attire l'attention du Congrès

« sur la nécessité de créer un *Théâtre d'Art* avec l'appui des pouvoirs publics ».

AUTRES DOLÉANCES D'AUTEURS

Puis, encore, M. Lefeuve lit une note de M. Courteline détaillant la somme des frais qu'un auteur est obligé d'acquitter lorsqu'il a le bonheur de donner une première représentation; cette « douloureuse » n'atteint pas moins de 820 francs pour manuscrits et fleurs à offrir.

Ensuite, un mémoire de M. Beaume, avocat à la Cour d'appel, à propos d'un procès tout d'actualité sur le sujet suivant : « Le droit de l'auteur sur son œuvre tombe-t-il dans la communauté? »

Enfin, une étude de M. Vaschide, de l'*Indépendance roumaine*, qui aurait souhaité qu'on s'occupât des questions de propriété intellectuelle, lesquelles seront assurément portées à l'ordre du jour du prochain Congrès.

L'ENSEIGNEMENT PROFESSIONNEL DES MACHINISTES

Résumé et extraits du rapport de M. Lugné-Poë.

M. Gabriel Lefeuve passe alors à la lecture d'un mémoire écrit par M. Lugné-Poë sur la nécessité d'améliorer l'enseignement professionnel des machinistes et les moyens d'y parvenir.

M. Lugné-Poë expose d'abord dans son mémoire les considérations qui l'ont déterminé à prendre devant le Congrès l'initiative de la réforme qu'il préconise.

« 1° *Le peu de progrès réalisés dans l'art de la machinerie depuis un siècle et demi.*

« Depuis l'époque où Servandoni perfectionna les praticables que, le premier Bibienna Galli avait réglés, on peut dire que la construction proprement dite de la machinerie est restée stationnaire. A peine quelques améliorations insignifiantes ont-elles été apportées, comme la suppression de deux montants sur quatre dans la construction de la trappe anglaise, disposition qui diminue de moitié le frottement et facilite d'autant la manœuvre.

« Tandis que la dramaturgie se transformait, se modifiait ou s'affinait, suivant les progrès de la vie sociale; alors que les architectes poussaient leurs recherches de décoration et de confortable, les tréteaux sont restés à peu près les mêmes, peu outillés, aussi dangereux de toutes les manières, aussi pauvrement aptes aux tendances d'un art supérieur.

« La bonne volonté d'un Haussmann ne suffit pas à quelques tentatives de progrès, pour une science mathématique et particulière qu'il ignorait, et qui, d'ailleurs, n'a jamais été codifiée, ou mieux, dont les règles élémentaires n'ont jamais été nulle part inscrites. La tradition est pauvre.

« 2° *L'ignorance notoire du plus grand nombre des chefs machinistes.*

« Et ceci n'attaque en rien les braves ouvriers, membres du Congrès ; leur présence seule suffirait à prouver qu'ils recherchent avec nous l'amélioration nécessaire du recrutement de leur personnel ; mais l'incompétence et l'obstruction sont dans la partie la règle commune, et il ne saurait en être autrement, car en l'état actuel qui pourrait faire œuvre d'initiative?

« L'autorité du directeur, sur la scène, s'évanouit devant son chef, puisque, dans la plupart des cas, les œuvres d'art à construire, à élever, à faire circuler sur les tréteaux sont aussi mystérieuses pour lui à concevoir qu'à exécuter.

« Ils ignorent la vie particulière de cette forêt de portants, de guindes, qui dorment dans la stérilité autour d'eux, et, cependant, il y a là des trésors d'art que de bons et savants jardiniers devraient faire éclore. Certainement ces directeurs sont plus coupables que leurs ouvriers, puisqu'ils oublient d'encourager et même de violenter l'impulsion, l'essor de cet art. Et s'ils doivent subir la volonté du chef au lieu de dicter la leur, c'est aux ouvriers intelligents qu'il appartient de recréer la corporation.

« De cette manière, en une grande mesure, ils forceront l'attention et la compétence qui font défaut au-dessus d'eux.

« Pour l'instant, on s'en remet le plus souvent au peintre décorateur, ce qui est une folie. Une œuvre dramatique n'est pas plus un panorama qu'un bon tableau n'est une photographie, et l'abîme entre les deux premiers est encore plus profond.

« Le décorateur ne songe qu'à *lui*, à faire un trompe-l'œil et couvrir de peinture des superficies étendues que le machiniste agencera. Dans son esprit, le chef prend une attitude de manœuvre blessante pour l'art. En vérité le peintre est peintre, et l'ouvrier aussi est un artiste. Les lois ignorées de la perspective doivent aussi bien être cherchées par l'un que par l'autre, et le génie de ce dernier aide à l'essor de celui du peintre.

« Aujourd'hui, le machiniste, ancien ouvrier menuisier ou charpentier, entré au théâtre par une circonstance fortuite, sans l'apprentissage exigé pour le dernier des métiers, n'a pour le guider qu'une tradition toute sèche. Il ignore la base même de son art; la perspective est pour lui lettre morte. Il emploie du bois dont il connaît mal les propriétés, à peine la densité qui est cependant d'une si grave importance en matière de décors. »

Pour remédier au chaos actuel, pour revivifier la science et l'art de la machinerie, qu'une mauvaise organisation a laissé languir, M. Lugné-Poë compte sur l'initiative, sur l'esprit de ressource des ouvriers machinistes. Mais il faut, pour cela, non plus des ouvriers quelconques, mais des ouvriers suffisamment instruits des secrets et des difficultés du métier, afin qu'ils sachent tirer parti eux-mêmes des éléments (le fer, le bois par exemple), que la nécessité leur impose.

« Camarades! compagnons machinistes! leur dit-il, si vous consentez à *voir* le bois, ne le traitez pas comme si c'était une *brute*. Il a une âme, il vit! Ce n'est pas une souche à vous confiée, mais une brindille mobile, admirable enfantelet, qui doit surgir de votre œuvre, de vos bras, de votre sueur, en héros du triomphe; voyez les charpentiers des théâtres scandinaves. Comme ils entendent les *désirs* du bois et quels merveilleux et indéchiffrables agencements, ils créent avec lui, l'ami de leur enfance!

« Et si vos lèvres sourient parce que nous revenons à *nos* scandinaves, nous vous demandons :

« Que connaissez-vous de l'ingéniosité un peu aride des Anglais dans l'étude des forces hydrauliques? machinistes scandinaves et autres!

« Que ne vous intéressez-vous aux travaux de la conscience mathématique allemande? Machinistes anglais!

« En vérité, votre métier n'existe pas. Il faut le créer!

« Vous oubliez enfin le *fer* dont vous avez si peur. Mais il faut y venir! — D'ici peu, des municipalités intelligentes vous l'imposeront; vous devrez l'adopter et ce sera bien!

« Des travaux de serrurerie et de la forge, que saurez-vous?

« Pourquoi l'ignorez-vous, ce métal? Pourquoi arguer de sa sonorité qui est sa gloire triomphale?

« Vous le repoussez et invoquez que l'emploi de châssis métalliques occasionne plus de bruit que le bois! quel futile prétexte! — Cloisonnez-le! et ne vous obstinez pas à copier servilement les types dont le bois fut l'origine. Cherchez! Il vous appartient de trouver le moyen pratique d'utiliser un élément à la fois solide et *léger* (vous le savez bien) et offrant toute garantie contre les risques de l'incendie.

« Un machiniste connaissant, aimant son art, se doit de trouver avant peu, par le fer, de nouvelles combinaisons de châssis élémentaires basées sur l'emploi d'*unités* de dimension qui, par leur groupement, se prêteraient à toutes les exigences de la mise en scène. Ainsi les enfants construisent de petites maisons variées avec des morceaux de bois égaux, de même on doit trouver la meilleure formule du décor de fer.

« Il faut forcer les directions à ne pas économiser en deçà du rideau. Si, compagnons, camarades, vous participez aux succès des dramaturges modernes, ni ces derniers, ni les directeurs de théâtre ne s'en plaindront.

« Le théâtre est un art où plusieurs génies peuvent s'associer!

« Mais, il est clair que l'ouvrier devenu, d'abord machiniste, puis chef, par un concours heureux de circonstances, se trouve, malgré sa bonne volonté, désarmé dans sa recherche vers le progrès, car il ne peut étayer son zèle sur des connaissances acquises.

« Au contraire, si le Congrès prend en considération (et nous ne doutons pas qu'il le fasse) la proposition que nous avons l'honneur de lui soumettre, nous arriverons à constituer un corps de *chefs* et d'aides machinistes remarquablement instruits, sur lequel l'art théâtral français pourra compter pour sa coopérative manifestation.

« *Modes d'instruction :*

« Le mode d'instruction pourra être de deux sortes, qu'il s'adresse aux jeunes gens qui veulent devenir machinistes ou aux ouvriers désirant se perfectionner.

« Dans le premier cas, les municipalités peuvent ouvrir, dans leurs écoles professionnelles, des cours d'enseignement spécial comprenant :

« 1° *Enseignement théorique.* — Perspective, architecture élémentaire, dessin, éléments de mécanique, mise en scène des décors, étude des bois et fers propres à la profession;

« 2° *Travail manuel du bois et du fer.* — Pour les ouvriers qui voudraient suivre cet enseignement : des cours d'adultes organisés par des écoles d'arts décoratifs donneraient l'enseignement théorique complétant leur savoir pratique.

« La Ville de Paris se devrait à elle-même d'être la première à introduire dans nos écoles municipales ouvrières un tel programme de cours, d'autant plus sérieux qu'une garantie du public contre les risques d'incendie en dépend, tout comme l'envolée d'un « art ouvrier » absolument ignoré. Les écoles Diderot, Bernard-Palissy, Germain-Pilon n'ont pas été créées pour une autre fin, et le public parisien qui prodigue son argent dans les salles de spectacle se doit d'être protégé devant des installations défectueuses sur scène, un personnel de machinistes ignorants de leur métier et de leur rôle.

« Il appartient à la Municipalité parisienne de donner l'exemple en opérant cette création professionnelle.

« Dans l'un ou l'autre cas, après avoir suivi les cours pendant un temps suffisant, les élèves seraient admis à faire un stage sur une des grandes scènes parisiennes, où ils compléteraient leur instruction technique.

« Ils passeraient ensuite un examen à la suite duquel les candidats recevraient un brevet de *chef machiniste*. »

M. le président met aux voix et fait adopter le vœu formulé par M. Lugné-Poë:

« Que les municipalités organisent : 1° pour les jeunes gens, dans leurs écoles professionnelles, des cours d'enseignement spécial théorique et pratique; 2° pour les adultes, dans les écoles d'arts décoratifs, un enseignement théorique de machinerie théâtrale; — que les élèves, après un stage fait sur l'une des grandes scènes parisiennes, puissent obtenir, comme sanction de leur examen, un brevet de *chef machiniste*. »

Les Associations d'artistes.

UN EXEMPLE VENU DE LILLE

M. Gabriel Lefeuve émet ensuite quelques considérations sur l'insuffisance actuelle de la Société Taylor pour la protection des artistes. Il présente, à ce propos, une communication de M. Desrousseaux, sur l'« Union des anciens élèves et amis du Conservatoire de Lille ». Cela le conduit à formuler lui-même un vœu, dont il expose les raisons, en faveur de la diffusion de sociétés de ce genre. Elles seraient pour les artistes une aide efficace, un soutien tout au moins, dans les mille difficultés de l'existence professionnelle et pourraient servir les intérêts généraux du théâtre, faciliter, par exemple, la décentralisation artistique. La Société de Lille, poursuit M. Lefeuve, réalise d'une façon intéressante le premier point de ce programme par les dispositions suivantes : création d'une série de prix d'encouragement qui viennent en aide aux bons artistes laborieux et doués de talent ; établissement de bourses d'étude accordées pour un an, toujours révocables si le travail et les progrès des bénéficiaires ne répondent pas aux généreuses intentions de l'Union ; prêts d'honneur analogues à ceux que consentent les Universités en faveur des étudiants ; organisation enfin d'une caisse des vieux musiciens, dont le programme promet un secours efficace pour l'avenir aux artistes que l'âge aura laissés sans ressources. Le second point du programme se trouve moins bien rempli par l'Union lilloise qui, par timidité et modestie excessive, sans doute, réserve la faveur de ses bourses d'étude aux seuls candidats qui souhaitent de poursuivre leurs travaux au Conservatoire de Paris, et qui en sont jugés dignes. Nul doute, conclut M. Lefeuve, que le pullulement de sociétés semblables n'amène pour la propagation de la culture artistique des résultats inattendus.

M. le président met aux voix et fait adopter un vœu « en faveur de la diffusion de sociétés de ce genre ».

Passant à une question connexe, M. Lefeuve dit qu'il n'attend que du groupement des artistes l'amélioration des conditions généralement léonines de leurs engagements. D'ailleurs, la cohésion de leurs efforts devra se porter non contre les directeurs et les agences, qui sont un effet, mais contre la cause, qui est la férocité maladroite des cahiers des charges imposés par les municipalités. Il a remis, à l'appui de cette thèse, une quarantaine de ces cahiers à M. Jacques Landau. Celui-ci a consigné ses remarques dans un rapport substantiel, qu'il résumera de viveoix.

L' « UNION THÉATRALE » DE M. POREL

M. Jacques Landau vante l' « Union théâtrale » de M. Porel, syndicat professionnel qui cherche à unir directeurs, artistes, auteurs, etc., pour l'étude des devoirs et la défense des droits des artistes dramatiques et lyriques. Avec des moyens modestes, ce syndicat vise à combattre les abus dont souffrent les artistes pauvres, comme conséquence de leurs engagements, le plus souvent infructueux. C'est une véritable agence théâtrale qu'il a la prétention de fonder, l'agence idéale, avec tous les avantages que comporte la chose et sans les inconvénients que l'organisation défectueuse actuelle a laissé grandir. M. Porel poursuit encore la création d'un tribunal arbitral et revendique auprès des pouvoirs publics une réglementation nouvelle qui permette aux artistes, en cas de contestation ou de différend avec une administration théâtrale, de faire appel à une juridiction spéciale et rapide, sans grands frais de procédure, telle que celle du tribunal des prud'hommes, qui juge les litiges entre employeurs et employés. Il prétend en outre, et non sans raison, obtenir, au moins pour les artistes peu payés, le privilège, en cas de faillite, privilège qu'on est étonné de ne pas voir admis jusqu'à ce jour. En attendant le rattachement de la chambre syndicale future des artistes à la Bourse du travail, M. Jacques Landau fait adopter un vœu demandant l'exécution rigoureuse du décret du 25 mars 1852 sur les bureaux de placement, les agences théâtrales n'étant pas autre chose.

M. Lagrange raconte ses déboires de syndic pendant l'essai syndical de 1890 à 1894; les artistes ne réglaient pas leurs cotisations, les directeurs condamnés par les tribunaux ne payaient pas.

UNE ASSOCIATION DE DIRECTEURS DE THÉATRE

M. Lefeuve allègue que les temps nouveaux amèneront une race nouvelle et supérieure de directeurs, soucieux de leurs devoirs. L'épuration se fera d'elle-même dès que les directeurs de province, en se syndiquant comme ceux de Paris le font sous l'impulsion de M. Vercken, devront se garer de toute solidarité avec des individus de réputation douteuse. L' « Association professionnelle des directeurs de théâtre de Paris » est créée afin d'établir entre ces derniers une entente pour l'étude et la défense en commun de leurs intérêts de toute nature. Elle frappe d'exclusion le membre qui aurait encouru une condamnation déshonorante, spéculé sur les avantages offerts par l'Association, aurait refusé de se soumettre aux décisions prises par l'Assemblée générale, ou aurait commis de graves infractions aux statuts de l'Association. M. Lefeuve estime, au reste, que les artistes eux-mêmes devraient être leurs propres directeurs en se groupant coopérativement. Il a demandé un projet de théâtre par association entre artistes à un impresario connu, qui revêt ici le pseudonyme de M. Clozel.

UNE COOPÉRATIVE DE PRODUCTION (EXPLOITATION D'UN THÉATRE PAR UNE SOCIÉTÉ D'ARTISTES)

Résumé et extraits du projet de M. Clozel.

Pour détruire l'objection qui se présente tout d'abord contre une coopérative d'artistes et qui repose sur l'impossibilité que chacun leur suppose de pouvoir s'accorder suffisamment entre eux pour la réussite d'une telle œuvre, M. Clozel supprime toute discussion en établissant, à la base de son administration nouvelle, le vote secret, silencieux et anonyme.

Organisation du Théâtre en société.

« Après avoir fait connaître ce projet aux artistes, écrit M. Clozel, cinq d'entre eux, sérieux et haut cotés, réuniront une troupe de trente à quarante personnes. Mettons 20 hommes et 20 femmes de tous les emplois.

« Un capital a été formé, et le capitaliste — ou s'ils sont plusieurs, les capitalistes par l'organe de leur représentant — sera chargé de la marche régulière de l'affaire. Une fois les appointements alloués à chacun, ces cinq artistes, qui auront réuni un ensemble de 40 personnes, seront absolument au niveau des autres.

« Répartition des appointements après avoir divisé le capital en plusieurs parts :

« 1° pour le loyer ; 2° pour les frais généraux ; 3° pour la troupe, l'éclairage, etc., etc.

« En faisant la part d'une moyenne probable de recettes à 200 francs près les artistes savent ce qu'ils peuvent gagner.

« Quarante listes de noms, hommes et femmes, sont faites et distribuées, et chacun alloue les appointements, sauf les siens, pour ne pas être tenté de mettre un chiffre trop fort. On additionne le montant de chaque artiste, et l'on divise par 39, cela donne une moyenne que chaque artiste s'engage à accepter ; ceci fait, tous marchent au même plan.

« Marche générale par vote, et propositions secrètes anonymes.

« Des réunions seront fixées tous les matins, s'il le faut, pour cette marche administrative. Personne ne pourra s'en dispenser.

« Les propositions secrètes seront jetées dans un tronc dont les artistes auront la clef, pour ne pas être à la merci du premier passant venu, mais les propositions tomberont dans un double fond dont le représentant des capitaux seul aura la clef pour les prendre, les lire à la séance suivante, et procéder au vote secret sur toutes ces propositions.

« Chaque proposition lue entraîne un vote, et non une discussion. Quiconque élèvera la voix aura une amende.

« Toutes les pièces seront lues devant la troupe entière, par les auteurs ou un lecteur à eux, étranger à la troupe; reçues au vote. S'il y a unanimité, l'auteur s'engage à ne rien retoucher à sa pièce. S'il y a des observations, elles seront faites par des propositions secrètes et transmises à l'auteur. Toute pièce reçue est immédiatement distribuée. Chaque artiste fait sa distribution, et ceux dont les noms ont la majorité pour jouer les rôles doivent s'incliner sur la décision du vote secret. Comme cela, pas de jalousie possible, car il ne faut pas oublier que tous sont intéressés dans les bénéfices à chaque fin d'année.

« Un metteur en scène sera proposé par le vote secret.

« A chaque pièce nouvelle, les loges d'artistes seront distribuées dans l'ordre des rôles de la pièce, pour que les rôles principaux, et par conséquent fatigants se trouvent les mieux situés.

« Trois artistes hommes feront le service de la surveillance générale du théâtre : comptabilité, contrôle, matériel, etc. Ils repasseront la consigne (comme dans l'armée) tous les trimestres à trois autres hommes. Seul ce service ne sera pas fait par les femmes et sera établi par ordre alphabétique. Il est bien entendu que, depuis le plus petit jusqu'au plus grand, hommes et femmes se réunissent pour voter sur les propositions.

« Le caissier, le contrôleur et l'accessoiriste devront déposer un cautionnement. Le service de petite régie sera fait par un artiste étranger à la société et qui deviendra un employé, car la surveillance générale se fera d'elle-même, étant données les propositions secrètes qui rappelleront à l'ordre, ou demanderont le vote d'une amende pour celui qui se conduira d'une façon répréhensible.

« Toute plaisanterie faite dans un vote secret fera retenir une amende de 5 0/0 sur les appointements du mois à toute la troupe, laquelle somme sera versée à l'Association des artistes dramatiques (fondation Taylor).

« Avant la répétition générale pour la presse, une répétition générale aura lieu devant la troupe entière seule; après, on procédera au vote pour les observations et, à toute majorité, les exécutants devront s'incliner.

« Le metteur en scène, d'accord avec les trois surveillants du trimestre, a tous les droits pour mettre la pièce au point : décors, meubles, accessoires, observations, etc.

« Si les employés ont une réclamation à faire, ou même une proposition, ils s'adresseront au représentant des capitaux qui, lui, fera leur proposition secrète, sur laquelle il sera voté.

« L'artiste homme qui aura le premier rôle dans une distribution, sera en vedette sur l'affiche, de même pour la femme.

« Un secrétaire, chargé des relations avec la presse, aura le même service que dans les théâtres ordinaires.

« Suppression complète des billets de faveur. Seul, le secrétaire en distribuera à la presse, pour les jours de premières seulement. Suppression des billets à demi-droit. Les places en location ne seront pas augmentées.

« Un bulletin blanc, dans les votes, sera pour la majorité. Tout le monde présent doit voter. Les absents ou malades ne pourront pas envoyer leur vote.

« Le prix des places sera bon marché, exception faite pour les loges et avant-scènes qui seront considérées comme places de luxe.

« Pour éviter la perte de temps si funeste, le surlendemain d'une première, la pièce suivante, qui aura été distribuée à sa réception, sera répétée; de même les rôles doubles de la pièce en cours de représentation.

« Les ouvreuses ne déposeront pas de fonds pour être titulaires de leur place, mais elles seront sourdes-muettes, pour éviter les réclamations et le bruit dans les couloirs. Ceci est une aumône pour certaines femmes infirmes. »

M. Lagrange fait des objections à ce projet et rappelle, avec M. Charles Raymond, le « Théâtre de Paris » de Mme Marie Laurent, MM. Taillade et Lacressonnière ; il a duré six mois.

M. le président s'en tient à proposer la participation des artistes aux bénéfices. Après des remarques de M. Max Maurey, son vœu est adopté.

L'EXPLOITATION DIRECTE DES THÉATRES DE PROVINCE PAR UNE COMMISSION MUNICIPALE

Les tournées.

M. Lefeuve émet alors l'avis que les théâtres de province pourraient être dirigés honnêtement par les municipalités elles-mêmes, à condition de supprimer la troupe fixe et d'être visités par une série de tournées; il s'arrête à une note favorable à ce projet et fournie par M. Vovelle, secrétaire de la commission administrative du théâtre de Chartres qui est ainsi dirigé :

L'exemple de Chartres. Résumé du mémoire de M. Vovelle.

M. Vovelle raconte qu'après l'essai successif de tous les systèmes possibles de régie au théâtre de leur cité, les conseillers municipaux décidèrent en 1880 de mettre eux-mêmes, par l'intermédiaire d'une commission administrative nommée à cet effet, la salle de spectacle de la ville à la disposition des directeurs en tournée. On fit l'essai du système pour une année et voilà vingt ans qu'il dure. Le secrétaire fait parvenir aux directeurs de théâtre un règlement-affiche avec une gravure représentant les abords du théâtre de Chartres. Les conditions de location y sont mentionnées, les frais indiqués, les règlements de police annexés. Le résultat, dit M. Vovelle, est excellent. La moyenne des recettes qui a été dressée pour la période comprise entre 1880 et 1897 donne 860 fr. 60 centimes, alors que la moyenne antérieure, faite par les directions privilégiées, ne montait pas au-dessus de 731 fr. 49.

Vœu en faveur des tournées régionales.

MM. Charles Raymond et Saugey appuient vigoureusement un vœu en faveur des tournées régionales qui seraient de beaucoup préférables aux tournées émanant toutes de Paris et faites le plus souvent dans de mauvaises conditions. Pour régénérer le théâtre en province, des tournées régionales pourraient s'organiser.

M. le président appuie cette proposition. Il observe que chaque grande ville de province pourrait devenir un centre d'œuvres dramatiques qui rayonnerait sur ses environs immédiats et contribuerait à maintenir le goût du théâtre dans le pays. Chacun de ces centres serait le point de départ d'une série de tournées régionales.

M. le président met aux voix un vœu dans ce sens. Le vœu est adopté.

Vœu pour la modification des débuts d'artistes en province.

M. Max Maurey et M. Saugey protestent énergiquement contre les débuts tels qu'ils sont faits actuellement dans toute la province de France.

M. Lefeuve demande leur suppression, M. Saugey leur régularisation en présence d'une commission d'abonnés et de fonctionnaires municipaux.

M. le président met aux voix un vœu tendant à la modification de la forme actuelle des débuts dans un sens plus favorable à l'artiste. Le vœu est adopté.

LES ACCIDENTS PROFESSIONNELS ET LES ARTISTES

Résumé et extraits du rapport de M. L. Degoulet.

M. Lefeuve lit un mémoire très complet de M. Charles Degoulet, avocat à la Cour d'appel, sur la responsabilité éventuelle du directeur de théâtre vis-à-vis des artistes en cas d'accident professionnel :

« Les accidents professionnels, dit ce mémoire, ne sont pas certes aussi fréquents dans un théâtre que dans une usine ou sur un chantier de construction; mais ils sont encore nombreux; ils sont toujours possibles; et quand ils se produisent ils laissent la victime ou ceux qu'elle aidait à vivre en proie à la misère après la souffrance, misère presque irrémédiable, d'autant plus effrayante qu'elle sera plus difficilement combattue et que l'artiste défiguré, estropié, infirme, aura plus de peine que le plus modeste ouvrier à retrouver un emploi qui lui procure les moyens d'existence, si inférieurs, si diminués qu'on les imagine.

« La loi du 9 avril 1898 a, dans une très large mesure, amélioré la situation des victimes des accidents du travail. Est-elle applicable aux artistes? Assurément non. Il ne peut y avoir à cet égard le moindre doute. Qu'un mécanicien soit blessé ou tué par l'explosion d'une machine, qu'un maçon soit écrasé par la chute du mur qu'il construit, qu'un charretier ait la jambe broyée par la pierre qu'il transporte, qu'un batelier, un mineur, un carrier, un ardoisier, un paysan, dans certaines circonstances, soit victime d'un accident dont son travail sera l'occasion ou la cause, il pourra se réclamer de la loi de 1898 et nous en résumerons tout à l'heure les avantages. Qu'un artiste soit brûlé dans l'incendie d'un théâtre, écrasé par la chute d'un portant, blessé par le fonctionnement d'une trappe ou d'un décor, la loi de 1898 n'est pas faite pour lui. Le texte de cette loi le démontre et les commentaires les plus autorisés confirment cette démonstration. Lisons d'abord le texte : « Loi du 9 avril 1898. Art. 1er. Les accidents « survenus dans l'industrie du bâtiment, les usines, manufactures, chan- « tiers, entreprises de transport par terre et par eau, entreprises de démé- « nagement, magasins publics, mines, minières, carrières et, en outre, dans « toute exploitation ou partie d'exploitation dans laquelle sont fabriquées ou « mises en œuvre des matières explosives ou dans laquelle il est fait usage « d'une machine mue par une force autre que celle de l'homme ou des ani- « maux, donne droit, etc., etc. »

« Voilà donc à quelles catégories d'artisans se restreint le bénéfice de la loi. »

M. Degoulet cite les commentaires qui soutiennent son opinion quant au caractère limitatif de la loi, celui du président Sachet, devenu classique, à cet égard, celui de M. Millerand qui se termine par ces mots : « seules, en « principe, certaines entreprises industrielles s'y trouvent soumises ».

« Et maintenant, continue-t-il, quel avantage confère à ceux qui en bénéficient la loi de 1898 et, par conséquent, quel intérêt auraient les artistes à ce que le bénéfice leur en fût attribué? Telle est la question qui nous reste à résumer le plus brièvement possible.

« D'après le droit commun, le droit auquel l'artiste reste soumis, la victime d'un accident ne peut obtenir une indemnité qu'à la condition de démontrer la faute du patron et l'absence de sa part de toute imprudence, négligence, inattention, faute quelconque pouvant entrer pour tout ou partie dans les causes de l'accident. Il en résulte que les trois quarts des accidents restent à la charge des victimes. Mais, avançons d'un pas. La démonstration est faite. Le blessé a pu prouver qu'il n'est pour rien dans l'accident dont il est victime. Alors la réparation du préjudice est laissée à l'arbitraire des tribunaux. Et quand la sentence est rendue, après d'interminables enquêtes, après des mois et des mois d'attente, quand la réparation due à la victime est fixée par un arrêt, la victime court alors tous les risques de l'insolvabilité de celui qui est débiteur de l'indemnité. — Fardeau de la preuve, lenteurs de la procédure, arbitraire du juge, risques d'insolvabilité du débiteur, voilà ce qu'a supprimé la loi de 1898.

« En effet, la loi nouvelle fixe la quotité de la réparation en proportionnant d'une façon invariable l'indemnité au salaire. Avant l'accident, l'ouvrier gagnait tant. Après l'accident, il recevra tant. Le juge n'a, pour fixer le chiffre, qu'à ouvrir la loi, sans faire appel à ses propres lumières.

« La loi de 1898 supprime les lenteurs de la procédure, en fixant le délai dans lequel l'indemnité doit être payée et en facilitant les moyens d'atteindre ce but.

« Elle rend le payement certain en augmentant la sécurité des assurances volontaires et en créant une assurance forcée « la caisse générale de garantie » alimentée par toute l'industrie française.

« L'énumération seule de ces avantages rend superflu tout commentaire. A quoi bon chercher à prouver l'évidence?

« Et nous pouvons résumer en deux lignes cette longue note : La loi de 1898, en matière d'accidents, a réalisé un progrès sensible. Elle a créé, pour toute une classe de travailleurs et d'artisans, une situation extrêmement favorable. Les artistes ne peuvent se réclamer de cette loi ; elle n'a point été faite pour eux; ils ne sont pas protégés par elle.

« L'effort de ceux qui prennent en mains la défense de leurs intérêts doit être de faire proposer au législateur et de faire voter par lui un article additionnel étendant aux artistes le bénéfice de la loi du 9 avril 1898. »

M. Saugey déclare que les directeurs devraient, dans leur propre intérêt, assurer tout leur personnel. Il pense d'ailleurs que le bénéfice de la loi de 1898 ne tardera pas à être appliqué aux artistes par la jurisprudence.

M. le président dit qu'ayant assisté à la discussion, devant les Chambres, de la loi en question il a pu constater combien de difficultés elle soulevait; il ne croit donc pas que le Congrès de l'Art théâtral soit en mesure de la discuter dans le peu de temps qui lui est réservé, mais il pense que, lorsque cette loi sera éclaircie par l'usage et l'expérience, elle pourra être étendue utilement, et sans les inconvénients qu'entraînerait une application trop hâtive, à une catégorie aussi intéressante que celle des artistes.

M. Lefeuve, comme conséquence de ces observations, demande au Congrès d'adopter le vœu que le bénéfice des lois existantes sur la responsabilité dans les accidents du travail soit étendu aux artistes.

M. le président met aux voix ce vœu qui est adopté.

LES COSTUMES D'ARTISTES ET LEUR ASSIMILATION A DES INSTRUMENTS DE TRAVAIL

Après échange d'observations entre M. Lagrange, M. Saugey, M. le président et M. Lefeuve, qui lit une note de M. Levatois, avocat, sur l'assimilation logique des costumes d'artistes à des instruments de travail, on adopte le vœu que la saisie ne s'étende pas aux costumes et objets nécessaires à l'artiste pour son travail.

On passe sur la question des rapports de la presse avec les théâtres.

M. Max Maurey se plaint du manque de cohésion des troupes actuelles et propose le vœu que les directeurs reprennent la tradition des troupes homogènes.

Ce vœu, mis aux voix par M. le président, est adopté.

Le reste du travail trouvera sa place dans la séance du soir dont M. Lefeuvre et M. le président énoncent le programme.

La séance est levée à midi.

TROISIÈME SÉANCE

Intérêts du public. — Théâtre populaire.

La séance est ouverte à huit heures 45 du soir, sous la présidence de M. Adolphe Aderer.

Desiderata du public.

M. le président, pour les absents du matin, résume le travail de la séance précédente.

M. Gabriel Lefeuve, quittant le terrain des intérêts professionnels, passe en revue les *desiderata* du public.

Bien que la sécurité ait été l'objet de discussions antérieures, M. Legardeur, machiniste du théâtre des Bouffes-du-Nord, revient sur la question.

SÉCURITÉ. — IGNIFUGEAGE

M. Louis Horeau en profite pour rendre compte du complet succès d'expériences d'ignifugeage faites le matin même suivant le procédé Nodon-Bretonneau. Ce procédé diminue les chances d'incendie et atténue les paniques du public, qui redoute avant tout la combustibilité des bois employés pour la fabrication des accessoires et la construction des théâtres, et ce, en sénilisant rapidement tous les bois, sans les priver des qualités qui les rendent aptes à tous les travaux de moulures et autres, et en leur enlevant jusqu'au cœur leur qualité de combustibilité que les bois qui ont reçu un traitement ignifuge superficiel possèdent toujours. Ceux-ci, en effet, sont revêtus d'une simple couche réfractaire qui ne tarde pas à se fendiller pour fondre bientôt sous l'action de l'incendie, ce qui amène la flambée finale du bois. Le bois sénilisé, au contraire, se consume lentement, sans tison, ni flamme, et est impropre par conséquen tant à communiquer un commencement d'incendie qu'à propager le fléau, quand ce dernier a éclaté. Ces explications fournies, M. Horeau propose de rendre obligatoire l'emploi au théâtre de bois et étoffes ignifugés.

M. le président met aux voix le vœu de M. Louis Horeau :

« Le Congrès international de l'Art théâtral, après avoir assisté à des expériences indiscutables et concluantes, émet le vœu qu'il soit rendu obligatoire de n'employer dans les théâtres, comme bois et étoffes, que des produits soigneusement ignifugés. »

Ce vœu est adopté.

M. Lefeuve ajoute que, puisque le Congrès est revenu sur la question du danger d'incendie qu'offrent les théâtres et sur les moyens de le prévenir, il présente un rapport qui lui a été envoyé par M. Louis de Szilagyi, ancien inspecteur en chef de l'Opéra de Budapest, et qui lui semble fortement documenté sur ce sujet, et un mémoire fourni par M. de Cassano qui analyse les mesures préventives prises en Italie.

SURVEILLANCE PERMANENTE

Résumé et extraits du rapport de M. de Szilagyi.

M. de Szilagyi passe en revue les trop fréquentes catastrophes dont chacun garde le pénible souvenir, et les remèdes, inefficaces malheureusement, que chacune d'entre elles a suggérés et fait édicter par les pouvoirs publics. Il en conclut, quelles que soient les inventions que l'avenir nous réserve pour combattre le fléau, et en attendant leur intervention effective, la nécessité « d'organiser la surveillance préventive permanente, c'est-à-dire pour toutes les heures de la journée. Cette surveillance doit être exercée sans discontinuer et dans toutes les parties incendiables du théâtre. Et ce service doit être fait non seulement par les pompiers professionnels, mais par l'ensemble du personnel devant être formé en corps de pompiers fonctionnant en permanence. Ce corps rendra des services d'autant plus utiles que les employés techniques connaissent à fond tout le mobilier du théâtre, l'économie de l'espace et l'agencement. »

M. de Szilagyi, avec un luxe de détails, que sa compétence en pareille matière explique et auxquels elle donne un grand prix, énumère toutes les mesures à prendre pour la surveillance des points faibles et menacés que seul le personnel habituel peut connaître et qu'un judicieux ensemble de règlements préventifs doit l'empêcher d'oublier.

Il conclut ainsi : « L'art de la mise en scène a fait, de notre temps, des progrès prodigieux, et, s'il a augmenté par là le danger de l'incendie, le service technique doit marcher de pair et rester toujours à la même hauteur que cet art. Notre public ne se contente plus des accessoires faits de pacotille peinturlurée et d'un feu imité. Il veut des objets réels, la sensation du feu qui brûle. C'est au service technique de s'accommoder à ces exigences et de prévenir quand même le danger.

« Aussi le service de surveillance préventive permanente doit-il être rendu obligatoire dans tous les théâtres et salles de spectacle. L'outillage technique est parfois trop coûteux pour qu'on puisse l'imposer, mais le service permanent ne demande que l'énergie de la direction et la bonne volonté du personnel.

« Aussi sommes-nous d'avis qu'il y a lieu de l'imposer, de l'exiger absolument dans tous les théâtres subventionnés par l'Etat, par les villes, les départements et même dans les théâtres privés. Le gouvernement central doit présider à l'organisation de ce service et exercer un contrôle permanent et rigoureux sur son fonctionnement. »

LA SÉCURITÉ EN ITALIE

Résumé du rapport de M. de Cassano.

M. de Cassano énumère les différentes précautions prises dans les théâtres italiens pour la sauvegarde du public et du personnel.

« La surveillance des théâtres italiens en ce qui regarde la sécurité des spectateurs et du personnel appartient à l'autorité préfectorale... Nos principaux théâtres, surtout ceux qu'on a construits depuis une trentaine d'années ont tous plusieurs issues pour la salle et les sièges sont isolés par trois passages ou corridors, un au milieu et un de chaque côté.

« A Turin, l'autorité compétente a limité le nombre des places dans chaque rang de l'orchestre et du parterre; l'usage des décors en papier est défendu et l'on prescrit un certain nombre d'issues supplémentaires. Le *Regio*, théâtre royal, possède 18 bouches d'incendie sur la scène et la municipalité assure le service des pompiers.

« A Venise, chaque théâtre doit avoir 6 bouches d'incendie sur la scène, 2 au cintre, 2 sur les côtés et 2 dans les dessous. Chaque théâtre est doté du matériel pour incendie et de 4 extincteurs *Stempel*, 2 situés au cintre et 2 sous la scène.

« A Milan, les mesures prises sont les plus récentes et les plus complètes... La commission pour la sûreté des théâtres recommande l'ouverture d'un grand nombre de portes sur le pourtour des théâtres, notamment de la Scala. »

Sur la scène, poursuit M. de Cassano, la commission préconise toute une série de mesures, dont les plus neuves sont la substitution du fer au bois pour les praticables fixes ou mobiles, et l'usage de préparations ignifuges.

LES DOLÉANCES DU PUBLIC

Résumé du rapport de M. Migette.

M. Gabriel Lefeuve analyse ensuite le rapport de M. Migette. Ce rapport, étayé sur les communications de MM. Blum, Amédée Drapès, Cuvelier, Léon Le Roy d'Etiolles, Paul Lenglet, Dorez, Grignard, Hesse, Oller, Horeau, Michel Carré, réclame des marquises pour abriter les voitures, des grooms pour ouvrir les portières, des vestiaires à prix fixe et mieux organisés, pour les chapeaux des dames notamment, de meilleures conditions d'hygiène (chauffage, ventilation, cabinets de toilette et autres), des fauteuils se relevant automatiquement pour livrer un facile passage, le numérotage de toutes les places, la gratuité du programme et surtout de la location.

Après un échange de remarques sur ce dernier point entre M. le président, M. Max Maurey et M. Saugey, M. le président met aux voix et fait adopter le vœu de M. Migette sur la gratuité de la location.

Passant au droit de siffler, M. Gabriel Lefeuve fait remarquer à M. Saugey qu'il est la contre-partie d'un abus, l'applaudissement forcé, la claque.

MM. Max Maurey, Lagrange, Lozier demandent la suppression de la claque.

M. le président met aux voix le vœu de MM. Maurey, Lagrange et Lozier qui est adopté.

Après un échange d'observations sur la question de l'obscurité dans la salle pendant les actes, M. Gabriel Lefeuve, combattu en ceci par M. Max Maurey et par M. Saugey, se plaint de la durée des entr'actes.

M. le président met aux voix et fait adopter un vœu en faveur de la réduction de la durée des entr'actes.

LES TRANSPORTS DU PUBLIC INSUFFISANTS

M. Gabriel Lefeuve insiste sur la question des transports du public insuffisamment assurés à la sortie aussi bien d'ailleurs qu'à l'entrée des théâtres.

L'EXEMPLE D'ALGER. — REMÈDE

M. Saugey indique le système employé à Alger : on délivre, sur demande, en même temps que le coupon d'entrée, un ticket d'omnibus, et on prévient par téléphone la Compagnie des omnibus du nombre de places nécessaire sur chacune de ses lignes.

M. le président met aux voix et fait adopter le vœu qu'il formule avec M. Lefeuve : que la question du transport des spectateurs à la sortie des théâtres soit étudiée par les directeurs des théâtres et la police municipale.

M. Gabriel Lefeuve, considérant que la suppression des contremarques serait un bienfait pour le public, invite M. Saugey à faire connaître par quel mécanisme il a pu les supprimer.

LE CONTRÔLE FACILITÉ. — ENCORE UN EXEMPLE VENU D'ALGER

Résumé et extraits du rapport de M. Saugey.

M. Saugey lit la notice qu'il a communiquée à M. Lefeuve et qui explique en détail tout son système. Celui-ci remédie aux fraudes en usage dans le public ou exercées par les employés de contrôle. Il supprime les inconvénients du système actuel en corrigeant ses imperfections dont les principales sont d'utiliser un coupon-papier peu maniable, facile à imiter, donnant au contrôleur en chef une importance excessive préjudiciable aux intérêts du directeur.

« Nous avons eu l'idée, poursuit M. Saugey, d'utiliser tout simplement le ticket de chemin de fer, modifié pour son nouveau service; nous l'avons adopté avec le plus grand succès au théâtre d'Alger, où il a reçu l'approbation de tous les hommes compétents qui l'ont vu fonctionner.

« Avec lui pas de fraudes possibles, ni de la part des employés, ni de la part du public; il ferme hermétiquement la porte à toutes les supercheries.

« On sait que, dans les Compagnies de chemins de fer, les tickets sont numérotés en série dans chaque catégorie de places; nous conservons ce même numérotage, qui constitue notre sécurité vis-à-vis du guichetier, ce dernier nous devant un compte exact de tout ce qu'il extrait de son casier.

« Nous supprimons complètement l'entente possible entre le guichetier et le contrôleur, puisque nous n'admettons pas l'échange, et que le ticket qui porte le numéro de la place attribuée reste, après une rapide perforation au contrôle (comme au chemin de fer), entre les mains du spectateur.

« La date du jour, enfin, est imprimée en creux, au timbre sec, sur le ticket au moment de sa délivrance.

« Donc, à l'entrée : première vérification à la perforation, puis, au moment du placement, nouvelle vérification par les huissiers, sans que le contrôleur-chef ait à intervenir.

« Remarquons, en passant, que, si nous supprimons cette intervention, nous avons beaucoup de chances de supprimer la fraude; il n'est pas admissible, nous le répétons, que plusieurs agents subalternes (en dehors du guichetier qui ne peut plus frauder) puissent s'entendre sans l'aide d'un agent-chef.

« Le ticket donne, en outre, toute satisfaction au public par la rapidité avec laquelle il se délivre et par sa commodité; il peut facilement se loger dans une pochette, un porte-monnaie, un portefeuille, sans crainte de perte ou de confusion avec d'autres papiers.

« Il se prête merveilleusement à toutes les combinaisons de contrôle, soit qu'on l'annule par une perforation que nous préconisons, car elle est simple, rapide et suffisante; soit que le contrôle, par la main des hommes de poste, en conserve la moitié comme pour les billets d'aller et retour au chemin de fer.

« D'autre part, les stratagèmes en usage dans le public pour tromper la surveillance du contrôle sont rendus impossibles, les tickets ne pouvant être imités ou falsifiés. Le ticket est toujours prêt à être utilisé; il exige le travail au plan pour le guichetier; système qui est le plus rapide que nous connaissions, car il supprime pour le spectateur, après une attente au guichet, un nouvel arrêt au contrôle pour la détermination de la place. Les tickets extraits des casiers doivent à toute minute correspondre aux places biffées sur le plan, ce qui constitue un moyen de contrôle immédiat et permanent.

« Le prix de revient du ticket est dans tous les cas deux fois et demie moindre que celui du billet-papier. Il permet l'établissement des bordereaux de vente d'une journée avec une rapidité inconnue au théâtre jusqu'à ce jour; cela sans qu'il soit besoin de se livrer à aucun comptage des tickets invendus. La date en creux, au timbre sec, ne peut s'altérer sans que cette altération ne soit visible au premier examen.

« Enfin, on n'use que ce que l'on vend; ce qui reste en cases est prêt à servir pour les représentations suivantes.

« Il est encore un avantage très important que nous offre le ticket : c'est la publicité que nous pourons y insérer au verso. Le billet-papier, qui permettrait également cette publicité, n'a jamais été en faveur auprès des annonciers. Ils trouvent, avec raison, que leurs publications s'y lisent mal ou pas du tout, soit que le papier se chiffonne aisément, soit qu'il ne soit pas indispensable de regarder au verso du billet; le numéro de la place s'inscrivant habituellement au recto. »

M. Saugey ajoute qu'il a résolu la question de sécurité contre la possibilité pour un fraudeur de se procurer des séries doubles et trouvé une combinaison simple pour permettre aux directeurs parisiens de continuer leurs rapports avec les agences de billets de théâtre.

Il termine en soulevant les dernières objections pour les résoudre : « L'exiguïté du ticket, a-t-on dit, ne permet pas l'apposition du timbre mobile de quittance pour les places d'un prix supérieur à 10 francs;

comment résoudre cette difficulté? Le moyen était simple : employer le mode de perception appliqué aux Compagnies de chemins de fer. Sur notre demande, nous avons été autorisés par l'Administration du Timbre à payer par états mensuels.

« Enfin, nous avons trouvé auprès de l'Administration du Bureau de bienfaisance un accueil des plus favorables. Notre système nous a encore valu des félicitations de plusieurs inspecteurs des finances. On a estimé qu'il ne pouvait y avoir de meilleur moyen de contrôle et partant de plus grande précision pour la perception du droit des pauvres. »

M. Gabriel Lefeuve expose alors que, toutes questions sur la valeur du spectacle étant laissées de côté, c'est le bas prix des places que recherche le public, après leur sécurité et leur confortable. Il mentionne une proposition faite par M. Hesse, avoué, et combattue par M. de la Tombelle et M. Blum, que l'échelle du prix des places soit variable suivant la qualité de la distribution des rôles.

LA QUESTION DES MARCHANDS DE BILLETS

Résumé et extraits du rapport de M. Migette.

La question des marchands de billets est ensuite mise sur le tapis. M. Lefeuve lit le rapport fait par M. Migette sur cette question.

« On sait, écrit M. Migette, qu'une campagne de presse très ardente a été entreprise par le *Matin*, dans le but de faire donner satisfaction aux doléances du public payant. Or, parmi ces doléances, est apparue en première ligne la protestation unanime des abonnés et des spectateurs non abonnés contre l'industrie des marchands de billets qui vendent, sous bénéfice d'une majoration, les billets ordinaires et les billets d'auteur.

« Pour les billets ordinaires que se passe-t-il? Allez au bureau de location : sauf exception, vous ne trouverez pas de place libre, toutes les bonnes places sont prises. Fauteuils et loges sont retenus pour la représentation du jour, et, souvent pour une série plus ou moins longue de représentations. Vous êtes bien obligé ou de louer une place défectueuse, ou de ne rien louer. Voilà tout ce qu'on peut obtenir d'un bureau de location.

« Mais le Parisien sait qu'aux abords du théâtre se tient une officine quasi occulte, une bourse de billets, où il trouvera ce qu'il cherche, mais où il le payera un prix plus élevé encore qu'au guichet officiel de location.

« C'est en général chez un marchand de vin que s'opère ce petit commerce. Si vous en ignorez l'enseigne, le racolage vous l'apprendra, car, malgré les dispositions des ordonnances de police, l'offre va au-devant de la demande, le racoleur provoquant le spectateur, soit sur la voie publique même, soit dans l'officine où il siège. Enfin, et ceci est véritablement inadmissible, cette industrie va jusqu'à fonctionner dans les vestibules même, du théâtre. Quiconque est allé aux « Nouveautés » a pu voir, dès le pas de la porte, une reproduction de la salle, avec places numérotées, autour de laquelle évoluent, en bousculant quelque peu les spectateurs d'assez mauvais goût pour arriver avec leurs billets, des personnages d'apparence rarement sympathique, d'une mise qui leur est propre, et qui, après avoir fait concurrence au bureau de location, tout le temps qu'il a été ouvert dans la journée, vous offrent les meilleures places, jusqu'au dernier moment, à des prix dont ils sont maîtres.

« Et le public accède à leurs exigences! Sans doute, il est naturel que celui qui veut voir en prenne les moyens; mais il est regrettable au plus haut point de nous forcer à passer sous de telles fourches caudines.

« Voilà le fait, voilà le mal dont se plaint le public, et que reconnaissent eux-mêmes les directeurs de théâtre.

« Mme Sarah Bernhardt n'a-t-elle pas protesté contre l'installation dans l'immeuble même de son théâtre, chez un gantier ayant boutique au n° 15 de l'avenue Victoria, « en face du bureau des tramways », d'une officine de location dont les agents harcèlent le public? MM. les directeurs de l'Opéra ne se plaignent-ils pas eux-mêmes de la présence sur les marches et sous le péristyle du théâtre de ces professionnels marchands de bonnes places qui assaillent en temps normal nos concitoyens et qui ont porté leur audace et leur importunité à l'extrême limite vis-à-vis des étrangers venus à notre Exposition?

« Et n'en est-il pas de même pour tous nos théâtres subventionnés?

« Sans avoir besoin de chercher des exemples plus nombreux, ni de reproduire les protestations enregistrées par le *Matin*, nous affirmons que le mal est général.

« A quoi est-il dû? Comment se produit-il?

« Les agences de location, les agences d'à-côté sont merveilleusement organisées et font des bénéfices assez satisfaisants quoique illicites.

« Elles font, dès qu'une pièce est annoncée, la rafle de rangs entiers de fauteuils et de loges. A cet effet, leurs représentants s'entendent avec les buralistes de la location, auxquelles une rémunération doit légitimement être donnée en échange de leur service, si bien que, à l'heure de l'ouverture du bureau au public, la buraliste n'a plus qu'à offrir les restes des marchands de billets. L'administration du théâtre n'est pas lésée, puisque la recette est en grande partie faite; mais le public, sur le dos de qui elle est faite, s'en plaint amèrement : il paye plus cher, et parfois est plus mal placé que ne le lui avait promis l'intermédiaire avec lequel il a dû s'aboucher. D'autre part, si la représentation n'a pas lieu, le marchand ne rembourse rien, le bureau échange le coupon pour une autre représentation à laquelle le spectateur aurait pu assister à la même place et sans payer de majoration.

« Quant aux buralistes, il en est qui, tous les matins, préparent leur petit paquet au marchand attitré; celles-ci ont un intérêt sérieux à la prospérité de cette industrie dont elles partagent les bénéfices.

« Il y a même, assure-t-on, certains directeurs qui pratiquent aussi cette participation. »

Discussion.

M. Saugey déclare ce commerce licite à la condition que les marchands de billets payent patente et ne racolent pas.

M. Lozier n'admet pas que ce trafic soit toléré autour des théâtres d'État auxquels une subvention a été donnée en échange de l'obligation de délivrer les places à un prix fixé par le cahier des charges.

M. Lefeuve signale une proposition faite par une banque qui prêterait sur nantissement en billets de théâtre et opérerait la vente à des cours variables suivant les circonstances.

Mme Moreau-Marmignat s'élève contre toutes agences de cette sorte ou d'autre et demande qu'on les réglemente sévèrement.

M. le président donne la forme suivante au vœu de Mme Moreau-Marmignat :

« Le Congrès émet le vœu que le trafic des marchands de billets soit surveillé par l'autorité. »

Il le met aux voix et le fait adopter.

LA DÉFENSE DES BILLETS D'AUTEUR

M. le président expose en détail la question des billets d'auteur. Il rectifie les opinions émises à ce sujet par M. Blum qui voudrait que l'on donnât un nombre limité de places aux auteurs pour les 2e, 3e et 4e représentations, et qu'on en supprimât le trafic; par M. Cuvelier qui demande la suppression des billets donnés aux auteurs en échange d'un droit fixe supplémentaire qui leur serait alloué et qui équivaudrait au taux habituel auquel ils cèdent leurs billets à l'agence Porcher; par M. Léon Le Roy d'Etiolles qui soutient une proposition du même genre; par M. Paul Lenglet enfin qui réclame la même suppression pour mettre fin au trafic dont ces billets sont l'objet, et fait remarquer que la majoration supportée par le public à leur endroit échappe à la perception du droit des pauvres et entre tout entière dans la poche des marchands clandestins.

ATTAQUE CONTRE LES BILLETS « A DROIT »

Résumé et extraits du rapport de M. Michel Carré.

M. Gabriel Lefeuve lit une lettre personnelle du chroniqueur M. Louis de Gramont et un mémoire de M. Michel Carré réclamant la suppression des billets dits « à droit ».

« Les théâtres de quartier, écrit M. Michel Carré, tels que l'*Ambigu*, la *Gaîté*, les *Folies dramatiques* (anciennement), le *Théâtre de la République*, le *Théâtre Cluny*, *Déjazet*, etc... périclitent par le fait du « billet à droit. »

« Le billet, dit billet à droit, est un billet-réclame, une sorte de prospectus, distribué dans Paris, envoyé à toutes les agences, à tous les grands magasins, mis en dépôt chez les marchands de vin, et avec lequel on peut avoir accès à certaines places du théâtre à un prix très inférieur à celui du bureau. Il fut créé pour prolonger certains succès alors que les frais de la pièce étaient depuis longtemps couverts et que le directeur jouait, comme on dit, « sur le velours ».

« Aujourd'hui, il sert, presque à lui seul, à faire la recette, et le théâtre en meurt.

« Voici pourquoi. Le petit public, trouvant les places trop chères, en quoi il n'a pas tort, s'est habitué à ce billet, qui lui permet de voir une pièce sans trop débourser. Pour 2 francs, 1 fr. 50, 1 franc et 50 centimes, il peut être bien assis et bien voir. Il a donc très sagement raisonné quand il s'est dit : Inutile d'aller payer mon fauteuil 10 francs et même cent sous, puisque, dans quelque temps, je pourrai occuper la même place et voir la même pièce pour 20 sous. Il a donc *attendu* le billet à droit. Quand les directeurs ont un succès, une pièce lancée dès la première avec éclat, le préjudice causé par le billet peut être moins grave. Mais, ce qui se présente beaucoup plus souvent, lorsque le drame, la comédie, le vaudeville ou l'opérette ne sont ni *Cyrano*, ni les *Deux Gosses*, mais peuvent être *Jean-Bart*, ou *Papa la Vertu*, ou les *Saltimbanques*, que se passe-t-il? Simplement ceci : le public ne vient pas. On fait des demi-salles. Que fait alors le directeur? Il lance à travers Paris plusieurs milliers de ces billets à 20 sous. Cela donne une petite recette de 3 à 400 francs tous les soirs, quelquefois plus dans certains théâtres, mais à la 30e ou 40e représentation, les billets sont épuisés... et la pièce aussi. On veut résister et on perd de l'argent.

« Ce que voyant, les directeurs, pour obliger le public à venir dès le début d'une pièce, ont lancé leur billet *avant* la première. Aussi ne fait-on plus, dans les théâtres de quartier, que des demi-salles, et des demi-recettes avec des demi-succès.

« Le remède?

« Supprimer le billet à droit, et obliger tous les directeurs à baisser le prix des places.

« Le résultat sera le même, c'est-à-dire que le public y trouvera ce qu'il désire, mais vous détruirez un effet moral déplorable.

« Les directeurs se plaindront-ils?

« Pas du tout, ils sont tous pour la suppression. Mais aucun ne veut commencer, de peur que l'autre ne suive pas.

« La société des auteurs et compositeurs dramatiques peut, par ses traités avec les directeurs, les obliger à supprimer le billet à droit et à baisser les prix des places.

« Qu'elle le fasse. Directeurs, auteurs et public s'en trouveront bien. »

M. le président met aux voix et fait adopter le vœu de M. Michel Carré en faveur de la suppression des « billets à droit ».

DISCUSSION A PROPOS DU DROIT DES PAUVRES

M. Max Maurey estime que le plaisir du théâtre serait moins cher s'il n'était grevé de beaucoup d'impôts : il prononce un réquisitoire contre le droit des pauvres, dont M. Lozier trouve le principe tout à fait légitime.

M. Charles Raymond dit qu'il serait juste que les artistes, dont le métier est plein de déboires, bénéficient les premiers de ce droit des pauvres; la moitié du produit devrait être prélevée au bénéfice des sociétés de secours mutuels d'artistes.

M. Saugey approuve et indique que l'Etat n'y perdrait rien si seulement il s'avisait d'imposer également les cafés-concerts, qui ne payent rien sur la limonade.

M. Max Maurey, partisan plutôt d'un dégrèvement général que d'une généralisation de la charge, propose ce vœu :

« Le Congrès international de l'art théâtral demande que les théâtres, considérés comme établissements de plaisir, et frappés comme tels du droit des pauvres, soient dégrevés d'une partie de ce droit. »

M. le président met aux voix et fait adopter le vœu de M. Max Maurey.

LA QUESTION DU THÉATRE POPULAIRE

Thèse de M. Gabriel Lefeuve. Utilisation des petites « A » : Troupes d'amateurs.

M. Gabriel Lefeuve explique alors que la solution de tous les problèmes de détail examinés jusqu'à présent a acheminé le Congrès insensiblement vers la conception d'un théâtre parfait. Supposons que ce théâtre possède en outre la qualité invraisemblable d'être gratuit, ce sera l'idéal du *Théâtre populaire*, de ce théâtre où le travailleur peu fortuné, c'est-à-dire la presque totalité de la population, pourra s'abreuver de fantaisie et de notions morales. Opposé au principe de demander à l'Etat la moindre subvention pour les plaisirs, tant que ses ressources resteront insuffisantes contre la misère et les catastrophes, il proclame la nécessité de demander la presque gratuité des spectacles aux troupes *d'amateurs*. Les professionnels, qui ont été et resteront l'objet de sa sollicitude, gagneront à cela une foule plus enthousiaste et plus nombreuse d'auditeurs puis d'élèves, à l'âge de la retraite. Les troupes d'amateurs naîtront des petites « A », du pullulement des associations d'anciens élèves des écoles primaires, secondaires, supérieures, des deux sexes; leurs adhérents, actifs à se donner les uns aux autres des fêtes de famille, sont déjà un demi-million. En se fédérant par région, puis sur l'ensemble du territoire, ces groupes créeront les ressources nécessaires en gens et choses. C'est le réveil de la vie provinciale. Que les universités populaires de Paris donnent l'exemple!

L'idée de ne compter que sur les troupes d'amateurs recrutées méthodiquement dans les œuvres post-scolaires pour la réalisation du théâtre populaire en France, et même en d'autres pays, restera personnelle à M. Lefeuve. Cependant M. Houry, directeur de la Société de la *Rampe*, s'y rallie par une proposition d'utiliser les théâtres dits « à côté » — tels que les *Escholiers*, si M. Maurice Froyez en modifie l'organisation actuelle — pour donner de temps à autre des représentations à la classe ouvrière sous le patronage d'œuvres de bienfaisance et sous le titre de « Spectacles à bon marché ». Et l'on apercevra plus loin des points de contact avec les opinions de MM. René Wisner, Jules Auffray, Géhin.

L'ABONNEMENT ACCESSIBLE A TOUS

Résumé et extraits du rapport de M. Morel.

M. Eugène Morel lit ensuite son rapport sur la question.

« Nous assistons, dit-il, à de nombreuses tentatives pour fonder le Théâtre populaire; une mode disent les uns, d'autres disent une résurrection! Des tentatives sont faites dans les provinces; les grandes fêtes d'Orange, Béziers, dernièrement Toulouse, ont convié des masses nombreuses à des fêtes dramatiques; à Bussang, une œuvre d'un caractère plus particulier, jouée par des paysans, a eu un succès réel et s'est intitulée courageusement : Théâtre du Peuple.

« Le mouvement s'étendra-t-il à Paris?

« Nous aurons l'année prochaine des théâtres et opéras populaires, nous aurons, sur une scène régulière, le théâtre civique dirigé par M. L. Lunet, qui est exactement un théâtre populaire, mais affirmant des idées sociales nouvelles, comme les mystères d'autrefois affirmaient des idées religieuses. M. Catulle Mendès promet aussi un théâtre où la beauté s'offrira à tous pour pas grand'chose. Ce n'est qu'une promesse, mais elle a pour garant la réussite des samedis populaires. Car, tandis que Maurice Bouchor allait en apôtre verser à qui voulait les rythmes et les pensées de nos plus grands auteurs, on a pu vendre, — je dis vendre, car on payait, car il n'y avait pas de subvention — on a pu vendre à la foule ce que la poésie a de plus élevé, de la poésie toute nue, pas même récitée : *lue* ! — et le théâtre, le vrai théâtre ne trouverait pas d'auditeurs?

« Même si ces auditeurs devaient payer leur plaisir ?

« A ce mouvement *populariste* des causes bien simples.

« Le théâtre vient du peuple, est un art populaire. Il s'en détache, s'affine, se subtilise, grandit même, mais en se rétrécissant, en se séchant. Le théâtre vient du peuple. Il doit y retourner pour reprendre vie. Et cela se traduit, pour les artistes, par le besoin d'un public nouveau, plus sensible, plus impressionnable, qui ne fuit pas l'intensité de l'émotion — public grossier, mais attentif, esprits plus bas, mais plus dociles, et que l'auteur peut mener plus haut. Ce n'est pas seulement la foule qui voudrait un peu d'art pour elle ! Ce sont les plus sincères et les plus dilettantes des artistes qui, à de certaines crises, réclament la foule.

« La seconde cause est morale. Nous ne sommes pas ici pour en faire; mais le théâtre, même populaire, veut de l'argent. Il le demande en général aux vices. Les vices payent. La morale, ou les gens qui en ont à placer, ne peuvent-ils donc faire un petit quelque chose?

« C'est ce que tous réclament sous le nom de *subvention*.

« Vieille querelle qu'on leur oppose : le théâtre ne moralise pas. (On a beau voir l'avare, on reste avare, etc...) — Cependant, qui soutiendrait que l'effet de tel spectacle — que l'on peut imaginer — serait sans danger? Alors, la bonne influence... qui sait? — Mais, il ne s'agit pas de cela. Il s'agit de gens qui vont boire, s'ils ne restent pas chez eux à battre leurs femmes, ou qui vont dans des réunions publiques se livrer à des discussions athlétiques, ou... que sais-je? Il y a encore les courses de chevaux, on propose celles de taureaux.

« Le théâtre où l'on irait en famille serait tout de même une distraction préférable! A quoi bon discuter la moralité du théâtre? Présentée sous ce jour, elle me paraît avoir toute la moralité d'un contre-poison. »

Après avoir ainsi déterminé la nécessité d'un théâtre populaire. M. Morel indique l'écueil à surmonter pour la réalisation de ce vœu unanime. Tout le monde cherche une subvention suffisante et personne ne rencontre un tel phénomène. M. Morel présente son projet où il pense avoir résolu cette difficulté.

« C'est un projet complet, ne réservant que la question répertoire, qui doit être laissée au choix du directeur. L'auteur a l'ambition de réaliser son théâtre avec un minimum de subvention. Il espère quelques faveurs, par exemple prétend que les élèves du Conservatoire pourraient très bien essayer de grands rôles, anonymement, sur ces sortes de troisième théâtre-français, et va jusqu'à dire que, lorsqu'ils n'en font rien, les théâtres subventionnés pourraient prêter leurs acteurs.

« En somme, ce projet demande le concours de l'Etat, mais non sa subvention ; il lui demande sa police, une garantie morale, un contrôle qui distingue nettement le théâtre des entreprises simplement financières, et qui assure un peu de retenue au directeur, maître absolu, mais temporaire de son théâtre.

« Grâce à ce concours purement général de l'Etat, l'auteur espère gagner assez de confiance pour placer suffisamment d'actions-abonnements qui donneront, outre le droit à un certain nombre de spectacles, à date fixe, régulier, un droit de se réabonner la saison suivante moyennant un droit très faible. Ainsi l'action de 25 francs première saison est renouvelable pour 10 francs, tous les ans, indéfiniment. On peut amener — en quelque nombre qu'ils soient — ses enfants. De plus, des systèmes ingénieux de faveurs, droits de vote à de petits plébiscites, réception d'un journal programme, etc... intéresseraient, *attacheraient* le public à l'œuvre du Théâtre populaire.

« Tout le principe est dans une régularité absolue. Ce n'est que par l'action répétée, uniforme, qu'on agit. C'est en faisant du théâtre une *habitude*, un besoin de la vie, que l'on peut espérer changer des goûts, combattre d'autres goûts ou d'autres habitudes plus dangereuses, élever en un mot le niveau intellectuel d'une classe sociale. »

M. Morel, continuant l'exposé de ses idées sur l'organisation du théâtre populaire, explique que, dans son projet, une fois l'argent trouvé, il croit pouvoir créer, entre le public et l'administration du théâtre, un lien étroit qui permette d'organiser celui-ci suivant les besoins du premier. Les heures sont indiquées par les abonnés qui se trouvent groupés selon leur convenance à ce point de vue. Les jours également. Plus tard, la conférence pourra venir se greffer sur l'organisme, quand l'éducation sera suffisante pour qu'elle ne dégénère pas en réunion publique. M. Morel entrevoit même la nécessité d'introduire peu à peu l'élément musical dans les représentations populaires afin de développer le goût du public.

Quant aux commodités matérielles, elles découlent tout naturellement de l'organisation même du théâtre par abonnements où les abonnés se trouvent chez eux. Il est par conséquent possible, à cause de ce groupement habituel, de leur faciliter les moyens de communications, de leur fournir au théâtre des repas à leur convenance, de les réunir de temps à autre, dans cette maison devenue la leur, en des bals et fêtes dont les réunions de corps et métiers pourraient former les premiers éléments.

La question du répertoire n'offre pas plus de difficulté qu'elle n'en a maintes et maintes fois présenté pour le public des classes riches qu'il a fallu familiariser insensiblement avec Wagner comme avec tout autre théâtre ignoré et dédaigné tout d'abord. M. Morel va jusqu'à insinuer qu'en pareille matière il vaut mieux peut-être avoir affaire aux âmes frustes mais sans détours qu'aux snobs invétérés.

Le bâtiment serait aisé à trouver tant les prétentions de M. Morel sont modestes. Il repousse de parti pris, pour la première heure, l'érection de quelque monument somptueux dans la crainte que l'insuccès d'une telle entreprise n'entraîne à tout jamais dans sa chute l'œuvre du Théâtre populaire. M. Morel est intimement convaincu que l'œuvre doit ressembler à la plante qui végète mais sans périr, pour croître tout à coup à l'heure précise où ses racines ont rencontré le sol favorable. Mieux vaut d'humbles débuts, dans une bâtisse provisoire, dont la ruine ou l'écroulement permettrait du moins de transporter ailleurs, dans une terre plus fertile, l'entreprise avortée mais toujours vivace. Un centre populeux, un terrain vaste, pour subvenir aux agrandissements possibles, seraient à souhaiter. Toutes les commodités avant tout, toutes les aises pour attirer, retenir un public encore ondoyant. Certaines places pour les fumeurs enragés; il ne faut décourager personne. D'autres réservées aux femmes qui souhaitent de se trouver seules, d'autres encore pour les enfants quelque peu tapageurs. Des décors multiples, des plaques tournantes comme chez les Grecs.

M. Morel, après avoir décrit les grandes lignes d'une administration appropriée au théâtre modèle qu'il conçoit, termine par un aperçu général sur la bienfaisante influence qu'une telle œuvre ne manquerait pas d'exercer, pour le plus grand bien du développement de l'art dramatique en France

« Que faut-il donc faire?

« Réussir à fonder un théâtre d'après des méthodes qui puissent se généraliser.

« Nous avons essayé d'en donner une.

« Qu'un théâtre, par un système tel que celui que nous avons exposé, arrive à vivre, les tentatives surgiront de toutes parts.

« Ce n'est pas, en effet, un répertoire particulier, mais qui se démodera, un acteur, qui ne peut être partout, une subvention, que toutes les villes ne peuvent pas donner, que l'État ne peut donner à toutes, qu'il accorde aujourd'hui et refuse demain, ce n'est rien d'*exceptionnel* qui aura fait réussir le théâtre.

« C'est un système de bons à la portée de tous.

« Nous demandons à l'État, non des faveurs, mais un contrôle! Cela, il l'offre à tous. L'aide qu'il donne au théâtre de Paris, il le donnera à Marseille, à Quimper, à qui la demande

« Et maintenant que nous avons réussi...

« Maintenant qu'il serait prouvé qu'on peut intéresser le peuple à des œuvres supérieures, qu'un théâtre peut vivre de façon autonome, que c'est là une œuvre utile, méritoire, bonne et possible...

« Toute ville, toute association, tout groupe quelconque... tout particulier peut en faire autant.

« Nous allons à tout venant, nous nous adressons aux conseils municipaux, aux chefs d'industrie, aux syndicats d'ouvriers, aux richards généreux, et nous leur disons : Voilà ce que cela coûte!

« Ne désirez-vous pas, ouvriers, vous divertir de façon plus intelligente, comme font vos camarades de tel endroit? Patrons, ne désirez-vous pas que vos employés aient quelque loisir qui ne soit pas nuisible! Et vous, qui vieillissez sans vous rendre bien utile, ne trouvez-vous pas que votre nom ferait bien sur le théâtre dont vous auriez doté votre ville natale?

« Voici le modèle adopté, le modèle courant, très bon marché. Les devis, voici; on se charge à ce prix-là de vous le construire si vous ne préférez pas le faire construire à votre guise. Il est tentant d'avoir une armée de théâtres en uniforme, où les décors s'emboîtent, où les pièces passent telles quelles de l'un à l'autre sans retouche! Il est tentant de bénéficier de toute l'expérience des autres, même sans y ajouter! Il l'est plus encore de chercher du nouveau.... Choisissez! On vous demande : 1° le premier établissement; 2° un minimum d'abonnements souscrits. Et voilà tout. »

M. le président donne ensuite la parole à M. Pottecher.

LE THÉATRE DU PEUPLE. — L'EXEMPLE DE BUSSANG

Résumé et extraits du rapport de M. Maurice Pottecher.

M. Maurice Pottecher donne lecture de son mémoire :

« Ce qu'on entend généralement par un théâtre populaire, dit-il, c'est une salle de spectacle à bon marché, sinon gratuite, où l'on jouerait pour un public populaire, c'est-à-dire composé d'ouvriers, de petits employés, de soldats ou de paysans, des œuvres prises dans le répertoire des chefs-d'œuvre classiques, ou en tout cas supérieures par la pensée et par le style au répertoire ordinaire des théâtres de quartier.

« Donnant au mot Peuple son acception la plus large, j'entends par Théâtre du Peuple un théâtre qui ne s'adresse pas seulement à une catégorie d'hommes, artistes, bourgeois, ou masse populaire presque illettrée, mais à tous à la fois, et qui les réunirait dans la communauté de l'émotion dramatique.

« Je suis loin de méconnaître l'intérêt social du théâtre populaire, envisagé comme le moyen d'offrir à un grand public spécial des œuvres qui concourent à notre joie et à notre enseignement. Il répond à l'un des besoins les plus vifs de l'heure présente et qu'un pays républicain ne pourrait, sans abdiquer ses propres destinées, négliger plus longtemps de satisfaire : l'éducation nationale. Il a pour base une idée de justice : il aurait pour couronnement un idéal de fraternité.

« Mais le Théâtre du Peuple que je vous propose, en s'inspirant des mêmes besoins, en poursuivant le même but, me paraît offrir un intérêt plus général, donner naissance à une entreprise plus haute. Ce n'est pas seulement une œuvre d'éducation populaire, c'est aussi, c'est de plus une tentative d'affranchissement et un projet de renaissance pour l'art.

« Le Théâtre du Peuple digne d'une ville comme Paris, — puisque aujourd'hui c'est Paris qui se préoccupe de suivre le mouvement donné par la province et de fonder l'institution ébauchée dans les campagnes françaises, — serait un théâtre vraiment national, au sens où le fut le théâtre antique, mais animé d'un souffle tout moderne; on y représenterait, à certains jours de fête seulement, devant une assemblée où se trouveraient réunis tous les éléments d'un peuple, les grandes légendes, les grands événements historiques ou les drames les plus généraux, capables de faire battre le cœur et de rendre attentive la conscience de la France entière,— c'est-à-dire, de l'humanité. »

Après avoir expliqué en ces termes l'essentielle distinction qu'il est juste d'établir entre son œuvre et la conception que chacun se fait du théâtre populaire, M. Pottecher explique pourquoi il redoute que les tentatives où ce qu'il doit y avoir de général et de permanent dans l'art serait sacrifié à des préoccupations soit philanthropiques soit politiques n'aboutissent bientôt à une désillusion. Il laisse percer sa conviction intime que l'œuvre du théâtre populaire bien comprise ne peut manquer d'atteindre un but invisible encore aux yeux les plus clairvoyants : savoir, la rénovation de l'art dramatique lui-même. L'art dramatique actuel, en brisant un à un les canaux mystérieux qui l'unissaient au peuple, cette source fécondante de toute force et puissance, s'achemine vers sa décadence. Il n'a plus d'autre but que de complaire à une minorité qui se croit l'élite en étudiant, pour les décrire, les variétés étranges de ses mœurs éphémères. Il lui faut, pour se régénérer, se retremper à nouveau dans le vaste courant populaire, afin d'y puiser une force nouvelle. M. Pottecher veut un théâtre nouveau.

« Pour qu'on l'aime sincèrement, poursuit-il, pour qu'on vienne à lui d'un élan ingénu, rendons au théâtre sa jeunesse. Renouvelons-le, purifions-le au contact de la nature et du peuple, mais ne le laissons point dans ces salles où flotte la poussière innombrable des germes de corruption et de mort : ne lui gardons pas ces défroques qu'ont portées les spectres dont nous désirons débarrasser la scène, nous qui voulons leur substituer la force de la vie, et la simplicité de l'art véritable. Pour que les spectateurs se sentent en face d'une création nouvelle, qu'ils puissent juger librement sans avoir l'esprit gêné par des préjugés, par des traditions, par des comparaisons, il est nécessaire qu'ils échappent aux influences irrésistibles exercées sur l'homme par les lieux où il a vécu : il est nécessaire qu'au Dieu nouveau nous préparions un temple nouveau. »

M. Maurice Pottecher termine la lecture de son mémoire par une invitation adressée aux membres du Congrès de venir assister à l'une des représentations nouvelles du théâtre du Peuple de Bussang.

L'EXEMPLE DE GÉRARDMER

Résumé du rapport de M. Géhin.

M. Gabriel Lefeuve communique alors un court historique que lui a envoyé M. Géhin de la façon dont s'est fondé et développé le théâtre populaire du Saut-des-Cuves, à Gérardmer. La proximité de Bussang a non seulement suggéré l'idée, mais encore fourni les premiers éléments de cette œuvre nouvelle. C'est dans un site pittoresque, en pleine forêt, que le théâtre s'est élevé, dans une carrière habilement utilisée pour façonner les gradins. Tout d'abord M. Pottecher amena de Bussang sa troupe pour donner l'élan. Bientôt, on put rassembler les éléments d'une troupe locale et se soustraire ainsi aux frais qu'occasionnait la visite de troupes étrangères. Le *Médecin malgré lui* fut monté de la sorte. Cette petite troupe est devenue le noyau d'une école locale qui permet de bien augurer de l'avenir. Ce qui manque encore, conclut M. Géhin, c'est un répertoire spécial, le nombre restreint des acteurs empêchant d'utiliser celui du théâtre voisin de Bussang.

LE « THÉATRE AU VILLAGE »

Résumé et extraits du rapport de M. Wisner.

M. Lefeuve lit une notice de M. Wisner sur le « Théâtre au village ».

« Le théâtre est encore inconnu au village, écrit M. Wisner. Lorsque par hasard des représentations y sont données, on y dit des monologues, des chansonnettes, les derniers refrains à succès des cafés-chantants. Parfois, aux jours de fête, l'instituteur fait réciter à ses élèves, devant leurs parents assemblés, les fables qu'ils apprirent par cœur; l'école se transforme ainsi en théâtre; les parents y sont souvent instruits, sans s'en douter, par leurs enfants. Grâce à eux, ils font connaissance avec La Fontaine et Florian.

« Ces écoliers, devenus hommes, restent pour la plupart au village. Les soirées y sont longues, l'ennui y est profond. Si, après le dîner, ils se réunissaient en la maison commune qui, alors, porterait justement son beau titre, ils se distrairaient à dire des vers, à répéter une comédie; ils se donneraient quelque peine, pendant de longues semaines, afin d'avoir le plaisir d'offrir quelques heures agréables à leurs concitoyens....

« Dans toutes les villes, même en celles de la moindre importance, dans tous les villages, il y a un orphéon et une fanfare; ces sociétés trouvent toujours des membres actifs et des membres honoraires en quantité suffisante; toutes ces sociétés vivent et forment quelquefois des groupements importants. Pourquoi des sociétés de déclamation n'auraient-elles pas le même succès? De plus, dans ces sociétés de déclamation, la vanité de chacun serait stimulée par des applaudissements, puisque ceux-ci s'adresseraient à chacun en particulier, tandis que les applaudissements recueillis par un orphéon ou une fanfare nécessitent de tous un effort d'abnégation, puisque aucun n'ignore qu'il travaille pour le succès de la collectivité. Des employés de commerce, des étudiants, des ouvriers, formeraient une troupe théâtrale qui, dirigée par un homme d'expérience, un ancien acteur ou bien un professeur, par exemple, donnerait de temps en temps des représentations dans une salle quelconque que la municipalité mettrait gracieusement à sa disposition. »

M. Wisner, prévoyant que le moindre élan donné dans le sens qu'il indique éveillerait des initiatives et des goûts assoupis, cite la ville de Nancy d'où une troupe d'amateurs rayonne dans tout Meurthe-et-Moselle. Il indique l'organisation sommaire qui conviendrait à sa troupe villageoise, se défend contre l'objection tirée de la difficulté qu'il y aurait à jouer du classique devant des paysans, cite à l'appui de sa thèse le succès des lectures faites au faubourg Saint-Antoine et dont Molière faisait les frais et conclut ainsi :

« Molière représenté au village y serait mieux compris qu'à certains jours d'abonnement de la Comédie-Française; d'ailleurs, lui aussi commença par jouer dans les granges. Et qui sait si, un jour, une troupe errante ne fera pas jaillir de l'âme d'un petit paysan le génie qui s'ignorait soi-même? »

M. Jules Auffray préconise une idée qui se rattache à la précédente avec son « théâtre ambulant », démontable et transportable, chariot de Thespis agrandi, modernisé, qui s'en irait de-ci de-là jouer au peuple des pièces moralisatrices au sens le plus large du mot, en les faisant précéder de très courtes conférences où serait condensé tout ce qu'il serait essentiel de savoir sur l'époque ou le sujet pour comprendre la pièce et en tirer profit.

LES DÉTAILS D'EXÉCUTION

M. Gabriel Lefeuve commence alors l'exposé des projets ne traitant que l'un des côtés de la question du Théâtre populaire.

LA CONSTRUCTION

Résumé et extraits du projet de M. Gosset.

Il présente le plan de M. Gosset, architecte, accompagné d'un mémoire minutieux sur les conditions et les frais de construction qu'exige un vaste théâtre populaire de 5,000 places. Ce théâtre aurait plusieurs étages, puisqu'il est impossible chez nous de chausser le cothurne et de reprendre le masque antique. Sa forme demi-circulaire conviendrait également aux auditions musicales et aux nécessités d'une vision générale parfaite. Le devis ne dépasserait pas le coût moyen de 800 francs la place, alors que l'Opéra-Comique revient à 2,250 francs et la Porte-Saint-Martin à 722 francs. La toiture serait extrêmement légère et facilement consumée, car elle doit brûler, assure M. Gosset. Cette parole témoigne de toutes les précautions qu'il prend pour ménager aux spectateurs une fuite aisée et rapide. Pas de couloirs meurtriers. Abords concentriques, comme dans les théâtres romains. Cent dix ouvertures.

M. Gosset, ajoute M. Lefeuve, appuie son projet tout technique de considérations générales qui le justifient :

« *Assembler les hommes, c'est déjà les émouvoir*, écrit-il en citant M. Thiers.

« Aussi dès les premiers perfectionnements de la civilisation voit-on les hommes d'Etat de l'ancienne Grèce comprendre le parti à tirer du théâtre et profiter de la curiosité des hommes pour les intéresser à des souvenirs patriotiques, à des pensées fécondes, propres à fortifier les cœurs, à élever les esprits, à épurer le goût par la vue et l'audition des chefs-d'œuvre.

« Ce sont les représentations théâtrales, accompagnements des fêtes de Bacchus, qui leur donnèrent l'idée d'utiliser ces réunions pour entretenir les citoyens du culte de la religion et de la patrie, en leur faisant entendre des œuvres littéraires, composées dans cet esprit, destinées à conserver les traditions, à les ennoblir afin de flatter aussi le peuple, de l'attacher à la cité en glorifiant son histoire, enfin à exalter les hauts faits de ses héros.

« C'est de cette vue d'*enseignement patriotique* qu'est né l'amphithéâtre grec, sa construction fixe substituée aux estrades provisoires sur lesquelles les poètes faisaient représenter leurs tragédies, odes, chants par des acteurs barbouillés de lie de vin.

« C'est dans ce but patriotique que ces immenses constructions, d'abord taillées dans les flancs d'une colline favorable, formant la *Cavea*, reçurent des dimensions suffisantes pour contenir la population d'une ville, même d'une république. (Celui d'Ephèse, dit M. E. Burnouf, aurait contenu jusqu'à 100.000 spectateurs.) Quel puissant moyen d'influence, de direction des masses!

« Ainsi se comprend la grandeur de ces immenses assemblées dans lesquelles d'innombrables auditeurs réunis par la communauté de patrie, de cité, de religion éprouvaient ensemble, en entendant les chefs-d'œuvre de leur littérature, les mêmes émotions, les mêmes enthousiasmes patriotiques . . . .

« Lorsque nos gouvernements, plus préoccupés de l'avenir et du développement moral des gouvernés que de la vie au jour le jour, seront obligés de s'occuper des plaisirs populaires et de leurs conséquences sur l'esprit public (graves dans un pays de suffrage universel), la question de vastes théâtres nationaux, ouverts à la foule, se représentera à l'étude des architectes d'abord, et à celle des auteurs dramatiques ensuite. Ce jour-là la France trouvera aussi son Eschyle et son Sophocle pour émouvoir les foules en puisant dans notre histoire et en dramatisant sur la scène nos fastes, et, hélas! aussi nos erreurs et nos défaillances.

« Nous pensons que ce jour-là est proche et que le problème d'un vaste théâtre populaire posé depuis plus de quarante ans est maintenant plus facile à résoudre, grâce aux travaux antérieurs, aux matériaux nouveaux, au progrès de la science des constructions. »

LA TROUPE. — UTILISATION DU CONSERVATOIRE

Résumé et extraits du rapport de Mme Thys de Farge.

M. Gabriel Lefeuve lit ensuite le rapport de Mme Pauline Thys, comtesse de Farge, qui se préoccupe tout à la fois de recruter une excellente troupe pour le Théâtre populaire et d'utiliser ce dernier pour le plus grand bien de l'art dramatique en général.

« Nous possédons, écrit Mme Thys, une admirable école : Le Conservatoire de musique et de déclamation, auquel l'art et les contribuables sont en droit de demander des résultats tangibles, complets, dans toutes les sections qu'embrasse sa sphère d'études. Il n'en donne que de partiels et il les donne souvent inutilisables; en tout cas dépourvus de cet esprit de généralisation qui est ou doit être le grand moteur d'une institution soutenue par les deniers publics.

« On y instruit professionnellement et dans les formes techniques les plus estimables les instrumentistes, les chanteurs, les comédiens et les compositeurs de musique. Quant aux auteurs dramatiques, personne ne s'occupe d'eux.

« Certains élèves sont, au Conservatoire, soutenus pécuniairement; les grands prix de composition musicale sont envoyés à Rome et pensionnés de ce fait. Et pour tout cela que demande-t-on? Aux compositeurs de musique de rares envois prouvant seulement qu'ils consacrent de temps à autre quelques heures à leur art; aux chanteurs et aux comédiens la promesse solennelle, souvent transgressée, qu'ils ne s'engageront dans aucun théâtre et ne quitteront pas l'École avant d'y avoir subi l'épreuve des concours... Et aux autres : rien du tout.

« Les comédiens et les chanteurs sont cependant soumis à une obligation : ils restent, à leur dernier concours, à la disposition des directeurs des théâtres subventionnés qui peuvent les engager à bas prix et souvent ne les prennent que pour empêcher un théâtre rival de les avoir. Après quoi, ils les laissent, si bon leur semble, se désespérer dans l'inaction.

« Eh bien, si le droit d'accaparement, accordé bien inutilement aux directeurs subventionnés qui ont leur subvention pour payer leurs artistes, était *exclusivement réservé* à un *Théâtre populaire* dramatique et musical, où, sous la haute direction de leurs éminents professeurs, les jeunes artistes sortis de l'École se feraient connaître à Paris dans le répertoire classique, qu'ils savent, et dans le répertoire nouveau qui leur apprendrait l'art si difficile et si absolument négligé au Conservatoire de *créer* des rôles, si, payés, mais payés modestement comme ils le sont dans les théâtres subventionnés, c'est-à-dire n'y perdant rien, ils consacraient seulement une année à cette école de perfectionnement, la troupe du Théâtre populaire dramatique et musical serait formée.

« D'autre part, à l'art dramatique tout entier il manque une école d'application qui apprendrait aux artistes à sortir du moule des conventions insufflées par le professeur; aux auteurs, à jouer avec maîtrise de cet instrument si complexe qui s'appelle la scène et dont il faut savoir respecter les lois, tout en les renouvelant. Depuis longtemps on réclame un Opéra-Populaire vulgarisateur des grandes œuvres musicales devenues classiques et débouché naturel pour les œuvres modernes. Ainsi devrait-il en être pour la production dramatique littéraire dans un théâtre populaire. L'adjonction des deux genres aurait pour résultat non pas un complément de difficultés, mais une diminution de frais, puisque la même salle, le même personnel serviraient à la totalité des représentations, ainsi que cela se fait en province dans les villes qui ne sont ni assez riches ni assez peuplées pour avoir deux théâtres. De plus, l'intermittence des représentations de chaque genre donnerait à chacun d'eux de plus longues études dont le but atteint serait de meilleures exécutions. Des auditions régulières et intimes seraient données en matinées au foyer du public par les auteurs devant un jury d'examen. Les œuvres reçues, même à correction, passeraient lorsqu'elles auraient été mises au point à des auditions de second degré, auditions publiques et gratuites en matinées au théâtre. Les débuts des artistes nouveaux suivraient les mêmes épreuves. Ainsi serait fondé, en même temps que le Théâtre populaire, le Théâtre d'essai. »

L'ORGANISATION

Résumé du rapport de M. Scherl, de Berlin.

M. Gabriel Lefeuve expose alors l'économie du projet présenté par M. Scherl, de Berlin. M. Auguste Scherl prétend remédier à la grève du public en mettant à proximité de chacun un théâtre où tout le confort, toutes les commodités modernes se trouveraient réalisées. Pour en faciliter la fréquentation, chaque quartier doit posséder une salle de spectacle. C'est l'éloignement, ce sont les difficultés d'accès qui, chaque jour davantage, éloignent et déshabituent le public du plaisir qu'il a toujours goûté au théâtre. M. Scherl propose, en conséquence, l'érection de quatre théâtres municipaux à Berlin, un au *sud*, un au *nord*, un autre à l'*est*, un quatrième à l'*ouest* de la capitale. Ces théâtres seraient des *instituts d'art classique*, satisfaisant, malgré la modicité de leurs prix, les spectateurs les plus cultivés, les plus exigeants. Il y aurait un directeur général avec, sous ses ordres, quatre directeurs dont les fonctions répondraient à celles des régisseurs actuels. Le personnel d'artistes serait soigneusement choisi, pensionné au besoin. Le répertoire admettrait tous les genres, à l'exception des pièces obscènes ou d'une galanterie choquante, et ne serait soumis à aucune coterie, le succès des pièces nouvelles dépendant de l'approbation d'un public composé de tous les éléments de la population et non d'une clique spéciale. Il y aurait une première épreuve d'accès libre. Ce public prendrait rang par inscription quelques jours avant la représentation. En cas de surabondance, on tirerait au sort. La nouvelle pièce serait représentée sur les quatre théâtres à la fois.

Comme construction, le théâtre de M. Scherl offrirait tous les avantages modernes, fraîcheur l'été, décors à changements rapides, garde-robe agrandie et gratuite, restaurant de style moderne, un seul entr'acte de trente minutes pour en profiter, concert au foyer. Enfin et surtout moyens de communication faciles et rapides avec une série de tramways automobiles venant se ranger à couvert dans une *gare de théâtre.*

Les prix d'entrée auraient comme base le système de l'abonnement. Pour le faciliter, il y aurait des abonnements de courte durée, même pour un mois. Un marc par fauteuil, le double pour les non-abonnés, 50 pfennigs aux galeries. Chaque théâtre comprendrait 1.800 places, avec deux représentations par jour, on peut compter sur 4.500 marcs ou 120.000 par mois.

UN EXEMPLE A NE PAS SUIVRE

Extrait du rapport de M. Schalk de la Faverie.

Dans son travail, poursuit M. Lefeuve, M. Schalk, en nous exposant les détails de la tentative faite à Rome pour fonder un théâtre populaire, nous met en garde contre les écueils à éviter :

« On a essayé, écrit M. Schalk de la Faverie, de fonder à Rome, capitale, un théâtre national; c'était une conséquence de l'Unité. L'État et la commune se trouvant à sec, quelques membres de l'aristocratie et de la haute finance fournirent les capitaux. Sur un terrain donné par la ville, on bâtit une grande maison : un monument énorme absolument dépourvu de tout progrès moderne. La scène fut gratifiée, comme par le passé, d'un large proscenium. A la place des fauteuils de balcon, des loges entassées les unes sur les autres, et, comme ces loges doivent être louées tout entières, autant de moins pour le spectateur isolé, autant de moins pour la caisse. Aucune facilité pour changements de décors : un escalier si grand qu'il n'y a plus de place pour les locaux nécessaires à la conservation des décorations, meubles, etc., etc. Même erreur pour la constitution de la troupe. L'acteur principal bien rétribué; le reste, de la camelote. Il fallut aussi un répertoire digne de ce théâtre! Un fiasco complet, sous la direction Ferrari. »

Vient ensuite le mémoire de M. Lozier que lit M. Lefeuve.

UN THÉATRE LYRIQUE POPULAIRE

Résumé et extraits du rapport de M. Lozier.

« Si j'avais à construire un théâtre lyrique populaire, écrit M. Lozier, je l'élèverais en fer et briques, afin qu'il fût rapidement édifié. Il faudrait y loger 2.500 personnes, spectateurs parfaitement assis et, surtout, voyant à toutes places. Pour cela, je rechercherais l'ancien plan du Théâtre-Lyrique du boulevard du Temple, ex-Théâtre-Historique d'Alexandre Dumas. Sa façade était simple et majestueuse, avec ses deux belles statues de la Comédie et de la Tragédie, ainsi que sa coupole, où les auteurs anciens rayonnaient dans la gloire. Sur les côtés j'établirais de larges balcons où le public de chaque galerie pourrait prendre l'air pendant les entr'actes, se réfugier en cas d'alerte et descendre d'étage en étage jusque dans la rue ou sur la place. Les parties pleines et fermées de ces balcons seraient décoratives, en attributs de l'histoire du théâtre dans le monde; ou bien j'y installerais de grands cadres pouvant servir à toutes les publicités, afin d'alléger les frais d'exploitation de la direction. Je choisirais l'électricité comme éclairage en raison de ses avantages sur le gaz et de sa rapidité lumineuse. »

M. Lozier entre ensuite dans tous les détails de l'organisation intérieure qu'il voudrait donner à son théâtre populaire. Il souhaite, au lieu d'un directeur qui abuse de son pouvoir, un administrateur appuyé du conseil de tous les chefs de service. Il cherche à prévenir tous les petits abus inhérents au métier, prévoit jusqu'aux plus minutieux des règlements et organise une caisse de retraite pour le personnel. Sa vigilance s'exerce surtout en faveur de ce dernier

LES SUBVENTIONS DE L'ÉTAT

Résumé et extraits du rapport de M. Jacques Talon.

M. Gabriel Lefeuve présente encore une étude complète de M. Jacques Talon sur les subventions accordées aux différents théâtres; cette étude est faite dans le but de suggérer la meilleure méthode pour subventionner un théâtre lyrique populaire.

« En Italie, écrit M. Talon, lorsqu'on monte un opéra comme *Othello*, on dépense 30 ou 40.000 francs. Les décors sont provisoires, presque tous en papier et brossés à la hâte; ce n'est que lorsque la pièce réussit, lorsqu'elle est susceptible de rester au répertoire que l'on fait les frais définitifs. A Paris, au contraire, on procède autrement. On s'adresse à un grand maître, Saint-Saëns, Massenet, on prend leur œuvre, et, sans savoir si le public lui réserve bon ou mauvais accueil, on fait pour 300 ou 400.000 francs de décors et de costumes. Si la pièce réussit, c'est fort bien, mais si la pièce tombe le lendemain, le directeur de l'Opéra en est pour ses 300.000 francs et il s'en console en faisant appel à son vieux répertoire : il reprend *les Huguenots.* »

Il faut donc subventionner, poursuit M. Talon, un théâtre lyrique modeste et vaste, accueillant les artistes de province, les élèves du Conservatoire, favorisant l'accès des auteurs « jeunes » ou bien :

« Un second projet consiste à laisser à l'initiative privée le soin de créer une entreprise populaire semblable à celle de MM. Milliaud à la Renaissance. Puisque cette tentative est intéressante, pourquoi ne pas la subventionner, comme sont subventionnés les concerts Colonne et Lamoureux? Pourquoi ne pas leur permettre d'emprunter à l'ancien répertoire de l'Opéra ou de l'Opéra-Comique des œuvres françaises qui ne sont plus jouées et qui ont autant de mérite que l'*Ernani* de Verdi ou la *Lucie* de Donizetti?

« De plus, il y a en ce moment-ci en France, qu'on le veuille ou non, un grand mouvement vers la décentralisation. Un nombre considérable de grandes villes font pour leurs théâtres municipaux des sacrifices énormes. Six grandes villes notamment donnent chacune près de 150.000 francs de subvention. Si l'on mettait à la disposition du directeur des Beaux-Arts, qui en serait seul juge, entouré de sa commission consultative et de ses inspecteurs, une somme de 50.000 francs en lui disant : Vous avez un certain nombre de jeunes gens, prix de Rome, ou musiciens de talent, qui ont en portefeuille de jolies partitions. On ne peut pas savoir exactement quelle en serait la valeur à la scène parce qu'au piano on ne peut les juger. Confiez-en l'exécution à l'une de nos grandes scènes de province. Donnez au directeur qui voudra les monter, avec toutes les garanties artistiques que l'on est en droit d'exiger, une somme de 7.000 ou 8.000 francs et vous ferez ainsi jouer cinq ou six prix de Rome tous les ans en France.

« Actuellement, il n'y a pas de subvention accordée à la province; bien au contraire, c'est à des obstacles de toute nature que se heurte l'initiative d'un directeur de province. En voici un exemple typique : Avec notre système actuel de centralisation à outrance, lorsqu'une pièce est montée dans un de nos grands théâtres de Paris, elle est immédiatement achetée par un éditeur. Si l'œuvre est de Massenet ou de Saint-Saëns, l'éditeur achètera la partition 100.000 ou 150.000 francs. Il lui faudra donc, et c'est de toute justice, rentrer dans ses débours. Que fera-t-il pour y parvenir? Lorsque les directeurs de province veulent monter cette œuvre, ils sont contraints de passer par les exigences de l'éditeur qui leur dit : « Je veux bien que vous montiez *Manon* ou *Samson et Dalila* par exemple, à la condition que vous jouerez également telles et telles autres pièces dont je suis l'éditeur. » Ils les forcent ainsi à représenter trois ou quatre pièces qui ont échoué pour avoir le droit d'en jouer une qui rapporte quelque argent. »

M. Gabriel Lefeuve termine la lecture des rapports qu'il a reçus en mentionnant celui de M. Maret-Leriche qui voudrait seulement, au lieu de billets de faveur, des entrées personnelles réservées aux artistes, critiques, auteurs, petits ou grands, connus ou ignorés.

M. le président résume la discussion et propose de la conclure par le vœu suivant:

« Le Congrès émet le vœu que l'Etat favorise, même par des subventions, toutes les tentatives sérieuses de théâtre ayant un caractère véritablement populaire, qui pourraient être faites à Paris ou en province. »

Le vœu est adopté.

LES DISCOURS DE CLOTURE

Discours de M. Bernheim.

M. Bernheim, commissaire du Gouvernement, adresse ses félicitations au Congrès et à ses organisateurs :

« Comme vous l'a dit M. Adolphe Aderer, vous avez semé, et, répondant de nouveau en 1902 à son appel, vous récolterez, nous apportant la solution des problèmes qu'il vous a posés, qu'il vous a forcés d'aborder.

« Merci donc, Mesdames et Messieurs, au nom de M. le ministre de l'Instruction publique et des Beaux-Arts d'avoir compris la belle et noble tâche à laquelle vous avez été conviés! Merci d'avoir voulu reconnaître l'intérêt particulier et j'ose dire personnel que le commissaire du Gouvernement porte à toutes les questions d'art qui ont été abordées ici! Merci à votre président, M. Adolphe Aderer, qui a groupé autour de lui les hommes les plus justement appréciés et a été aidé par de si dévoués collaborateurs! car il a su mener à bien la besogne qu'il avait si courageusement entreprise.

« Tout à l'heure, quand vous rentrerez dans vos foyers, encore émerveillés par le spectacle unique que Paris vous offre, dites à vos compatriotes qu'au milieu de nos joies et de nos triomphes nous marchons toujours en avant, que nous luttons pour le beau, comme vous l'a dit M. Pottecher, à Paris et dans nos provinces, que nous préparons et assurons l'avenir! Dites à vos compatriotes qu'ils sont encore nombreux dans notre pays de France les hommes de progrès et d'initiative qui, comme M. Adolphe Aderer, ont bien mérité de l'art et de leur pays. »

M. Adolphe Aderer, président : « Je vais demander à l'assemblée, comme sanction de ce que vient de dire M. le commissaire du Gouvernement, de vouloir bien voter deux vœux. Voici le premier :

« Le Congrès international de l'art théâtral, réuni à Paris en 1900, émet le vœu que ce congrès soit suivi d'autres congrès internationaux sur l'art théâtral : il donne mission à son bureau français et étranger d'organiser un prochain congrès, sans lui en fixer ni la date ni le lieu. Le bureau pourra s'adjoindre, s'il le veut, des personnes prises parmi les membres adhérents au premier congrès. »

Ce vœu est adopté.

M. le président met aux voix un autre vœu qui s'adresse aux congressistes français en particulier et formulé en ces termes :

« Le groupe français du Congrès international de l'art théâtral, réuni à Paris en 1900, émet le vœu qu'un congrès national se réunisse à Paris pour le même objet et donne mission à son bureau français d'organiser ce congrès, sans en fixer la date. Le bureau pourra s'adjoindre, s'il le veut, des personnes prises parmi les congressistes du premier congrès : il pourra également créer des commissions consultatives prises parmi les congressistes du premier congrès. »

Le vœu est adopté.

Allocution de M. le président.

Monsieur le président adresse au Congrès ces quelques mots :

« Mesdames, Messieurs,

« En ouvrant ce premier Congrès de l'art théâtral je vous remerciais de nous avoir apporté votre adhésion ; en le fermant je veux vous exprimer ma gratitude pour l'assiduité et l'attention que vous avez apportées à nos séances.

« Nous nous lancions un peu dans l'inconnu ; aujourd'hui que nous regardons la tâche accomplie, nous pouvons dire que notre travail n'aura pas été sans objet et qu'il sortira de nos délibérations un certain nombre de vœux d'une utilité incontestable. Malgré toute sorte de difficultés, notre Congrès s'est tenu debout et il a grandi ; il n'est pas parfait, sans doute, mais il n'a pas mauvaise figure, et je suis sûr que, dans l'avenir, il donnera le jour à des enfants d'une constitution vigoureuse. Tout en vous remerciant encore une fois, je ne veux pas reprendre la formule orgueilleuse que vous savez des auteurs romains qui disaient à la fin de la pièce : « Et maintenant, applaudissez, citoyens! » Je m'en tiens à la formule des Français, qui sont un peu plus modestes qu'on le prétend parfois, et je vous dis : « Excusez les fautes de l'auteur! »

Discours de M. Eisenmann.

M. Ernest Eisenmann, au nom du bureau étranger, adresse ses remerciements à M. le président en ces termes :

« Ce n'est pas sans émotion que je prends la parole pour remercier au nom des congressistes étrangers votre président, M. le commissaire du Gouvernement et le Congrès tout entier pour la charmante hospitalité qu'ils ont réservée aux adhérents étrangers de ce congrès. Vous nous avez admis aux honneurs, vous nous avez permis de prendre place dans votre bureau à côté d'hommes éminents, de sommités de l'art théâtral, nous qui, pour être franc, devions la faveur de participer à vos travaux plus à notre bonne volonté qu'à nos mérites passés.

« La préparation un peu hâtive de ce congrès n'avait pas permis aux étrangers d'accourir en temps utile pour prendre part aux travaux de la première heure; mais, messieurs, au moment où je parle j'ai sur moi les adhésions de personnes très autorisées, très bien placées surtout pour aider au développement de la grande œuvre que nous méditons d'accomplir. Je vous remercie d'avoir organisé cette commission que vous venez d'instituer et dans laquelle vous voulez bien encore nous permettre de collaborer avec vous, ce dont nous vous sommes pleinement reconnaissants. Vous trouverez de notre côté des représentants plus autorisés que moi des différents pays déjà représentés, des étrangers qui briguent les avantages du parisianisme raffiné. On a beau faire des lois qui rendent un peu difficile la faculté de devenir français, ce qui est beaucoup plus aisé c'est d'acquérir le droit de cité dans la ville de Paris, et par cette porte-là on pénètre dans le sein de la nation française, si charmante, si accueillante aux étrangers qu'on oublie parfois qu'on n'a pas toujours été ce que l'on est devenu : un Parisien de Paris.

« Je suis peut-être très peu parisien de Lutèce, mais enfin le bon vouloir doit primer tout, et ce bon vouloir nous l'avons apporté ici. Vous lui avez fait un si charmant accueil, monsieur le commissaire du Gouvernement, et vous, notre éminent président, que vous nous avez rendu facile la tâche de donner ce que nous pouvions donner. Nous vous en témoignerons notre reconnaissance en vous apportant des œuvres aussi complètes et aussi utiles que possible, pour le développement de la grande cause que vous avez inaugurée et que vous mènerez à bonne fin, j'en suis sûr. Comme ces lumières vont s'éteindre, nous pouvons nous séparer en formulant l'espoir de nous réunir à nouveau pour forger un flambeau qui éclaire le monde sur une question bien digne de l'intérêt universel ! »

M. Eisenmann ajoute quelques mots pour rendre hommage à l'esprit d'organisation et à la méthode du vice-président et rapporteur de la 4me section, M. Gabriel Lefeuve, dont les travaux ont touché à tant de questions intéressantes.

M. le président lève la séance à onze heures du soir.

APPENDICE A

Liste des Membres du Congrès.

MM.

ADENIS (Edouard), auteur dramatique.
ALLARD (Louis-Ernest), homme de lettres.
AMALIO (Fernandez), peintre décorateur du Théâtre-Royal de Madrid.
BAILLY (Alexandre), peintre décorateur.
BAUDE DE MAURCELEY (Charles), homme de lettres, officier de l'instruction publique.
BAUME (Louis-Alexandre), avocat à la Cour d'appel.
BEAUREGARD.
BEER (Georges), artiste dramatique.
BENJAMIN (Edouard), homme de lettres.
BÉRARDI (Gaston), homme de lettres.
BERNY (Eug.), directeur de théâtre.
BERTOUT (A.), homme de lettres.
BESNARD (Jean-Alfred), architecte.
BIGNAN, avocat à la Cour d'appel.
BLOT (Georges-René), ingénieur civil.
BOOS (Christine), artiste chorégraphique à l'Opéra.
BORNIER (Henri de), auteur dramatique.
BOURDEILLE (Paul), directeur de théâtre.
BOURDON (Georges), homme de lettres.
BOUVIER (Adolphe), ingénieur.
BROUSSAN (Leimistin), directeur du Théâtre-Municipal de Nancy.
BRUN (Pierre-Alfred), professeur au Conservatoire.
BUQUET (Charles), ancien adjoint au maire du VIe arrondissement
BUSNACH (William), auteur dramatique.
CAMLSCH, avocat.
CAMONDO (comte Isaac de), banquier.
CANCE (Albert), ingénieur des arts et manufactures.

MM.

Carré (Adolphe), prestidigitateur.

Carré (Michel), auteur dramatique.

Carré (Paul).

Carrier-Belleuse (Louis), artiste peintre, sculpteur.

Cassano (prince de).

Castoul (Emile), électricien.

Cateau (Esser), professeur de chant et déclamation.

Céalis (Edouard), ancien officier, artiste de l'Odéon.

Champion de Nansouty (Max), ingénieur des arts et manufactures.

Charpentier (Henri), artiste dramatique.

Chassaing (Marianne), artiste dramatique.

Chauvin (Alphonse), auteur dramatique.

Claretie (Léo), homme de lettres.

Clemenceau (Albert), avocat à la Cour d'appel.

Clunet (Edouard), avocat à la Cour d'appel.

Colombier (Eugène), chef machiniste du Châtelet.

Coolus (Romain), auteur et critique dramatique.

Cornet (Charles), avocat à la Cour de Paris.

Corvi (Ferdinand), directeur du Théâtre-Cirque.

Cotman (Jules).

Coudert (Michel), directeur du théâtre des Bouffes-Parisiens.

Craigie, auteur dramatique.

Curtius (Alfred Schulz), directeur des concerts à Londres.

Dameron (Emile), artiste peintre.

Darlaud (Jeanne), artiste de la Comédie-Française.

Darmont (Albert), artiste et auteur dramatique.

Dauveigne, architecte.

Del Bernardi (Lucie), artiste de l'Opéra-Comique.

Demaille (Louis), statuaire hors concours.

Dernay (J. V.-Emile), vice-président de la Presse française non quotidienne.

Deschamps (Georges), avoué près le Tribunal civil de la Seine.

Desrousseaux (Georges-Henri), secrétaire de l'Union des anciens élèves des amis du Conservatoire de Lille.

Dettelbach (Charles), propriétaire.

Dory (Charles-Edmond), sous-chef de comptabilité à la Nationale.

Douart-Delépierre (Julia), violoniste-compositeur.

Douzan (Ludovic), du syndicat de la Presse française non quotidienne.

Dreydel (Edmond).

MM.

Dreyfus (Abraham), auteur dramatique.
Ducrocq (Aimé), directeur de la *Revue des Spectacles*.
Duesberg (Edmond), auteur dramatique.
Dunoyer (Léon), avocat à la Cour d'appel.
Dupuy (Charles-Armand), architecte.
Dupuytrem (Raymond), député de la Vienne.
Ehrler (Vve P.-D.), propriétaire et abonnée au Théâtre-Français.
Eisenmann, avocat.
Elven (Suzanne), artiste lyrique.
Escudier (Paul), conseiller municipal.
Farges (de), compositeur.
Fayard (Isidore).
Feraud de Saint-Pol, artiste lyrique.
Fernandez (Amalis), peintre.
Fisray Derso, directeur de théâtre.
Ferret (E.), architecte ingénieur.
Fort (Henri), architecte.
Fadhanter (John), docteur.
Fortuny (Mario), peintre.
Fournier (Marcel), compositeur de musique.
Frandaz (Jeanne), artiste lyrique.
Froyez (Maurice), auteur dramatique.
Gachons (Jacques des), homme de lettres.
Gatine (Marie-Alexandre), inspecteur général.
Gandrey (Aristide), directeur artistique du théâtre d'Aix-les-Bains.
Gauthier (Louis), artiste au théâtre du Vaudeville.
Gerfaut (Valentine), professeur de diction à l'Odéon.
Giraudet (E.), auteur et maître chorégraphe.
Gobier (Félix), architecte, artiste peintre.
Gosset (Alphonse), architecte.
Grapin (Prosper), homme de lettres.
Greil (Ernest), ingénieur électricien.
Grein, critique musical.
Grenet-Dancourt, auteur dramatique.
Guillemot (Jules), membre de la Société des auteurs dramatiques.
Habert (Jean), professeur de violon.
Halévy (Ludovic), auteur dramatique.
Hamm (Lucien-Auguste), ingénieur au bureau du contrôle des installations électriques.

MM.

HENDRIKX (Arthur), artiste dramatique à Bruxelles.
HENDRIKX (Edmond), directeur du Théâtre-Royal Flamand.
HEROLD (Joseph).
HERZOG (Eugène).
HESSE (Lucien), avoué à la Cour d'appel.
HOREAU (Louis).
HOSPITALIER (Edouard), ingénieur électricien.
HUSSON (Georges-Adolphe), homme de lettres.
JAVAUX (Émile), directeur de la Société électrique Gramm.
JEANNET (Victor), auteur dramatique.
JONES, auteur dramatique à Londres.
JOUBERT (Martin-Célestin), licencié en droit.
JOZON (Arthur), rentier.
JULIAN (Mme, née Dumont), auteur dramatique.
KACZKOWSKI (Casimir), journaliste à Saint-Pétersbourg.
KLOTZ (Louis-Lucien), député, avocat à la Cour.
KLOTZ (Victor), parfumeur.
KORDA (Désiré), ingénieur.
KREMLOV (Anatole), artiste et littérateur.
LAGRANGE (Félix), père, artiste dramatique.
LAGRANGE (Robert), acteur.
LANGLÉ (Ferdinand), auteur dramatique.
LANGLOIS, constructeur électricien.
LARCHER (Eugène), ancien directeur du théâtre des Bouffes-Parisiens.
LARCHER (Georges), directeur du journal *le Photo.*
LAURENT (Mme Marie), artiste dramatique.
LAURIOL, ingénieur.
LAYUS (Lucien), ancien commissaire de l'Exposition internationale des théâtres de Paris.
LEBLANC (Gustave).
LEFORT (Augustine), violoniste.
LEGARDEUR (Eugène), chef machiniste au théâtre des Bouffes-du-Nord.
LEGOUX (Jules), de la Société des gens de lettres.
LEHMANN (Julius), artiste et littérateur.
LEMARIÉ, architecte.
LEMONNIER (Alphonse), homme de lettres.
LENDER (Marcelle), artiste dramatique.
LENIENT (Charles), professeur honoraire de la Sorbonne.

MM.
Leroy (Oswald), homme de lettres.
Lévy (Maurice).
Limb (Claudius), docteur ès sciences.
Lion van Liers, directeur du Grand-Théâtre Amstelstraat.
Lozier (Victor-Hippolyte), artiste lyrique.
Luigini, chef d'orchestre de l'Opéra-Comique.
Mahieux (G.), ingénieur.
Maitre (Adrien), homme de lettres.
Mangeot (Auguste), directeur du *Monde musical.*
Marpillat (Alfred), percepteur des contributions.
Marcel (Pierre).
Martel-Toussaint (Charles), officier d'académie.
Martinet (André), homme de lettres.
Masset (Georges), directeur du journal l'*Express.*
Matrat (Emmanuel), artiste dramatique.
Mauger (Mme), artiste lyrique.
Maurey (Max).
Melant (Charles), compositeur de musique.
Meusy (Eugène dit Victor), homme de lettres.
Minstrel (Dr).
Missiel (van), directeur du théâtre de Liège.
Molina, constructeur électricien.
Montilla (Manuel), Madrid.
Moreau-Marmignat (Marie), professeur de chant aux écoles de la ville de Paris.
Morel (Eugène).
Morlet (Louis), ex-artiste de l'Opéra-Comique.
Mornat (Louis), constructeur électricien.
Morton (Edward), critique dramatique à Londres.
Mousseau (Auguste), ex-artiste de l'Opéra-Comique.
Normand (Jacques), auteur dramatique.
Novel, délégué de la ville de Chartres.
Oller (Joseph), directeur du Nouveau-Cirque et de l'Olympia.
Olivier (Edgard), coiffeur.
Paolick, médecin.
Pecqueay (Paul), artiste lyrique.
Pellerin (Georges), agent général de la Société des auteurs dramatiques.
Pelletier (Eugène), secrétaire de la Société des auteurs dramatiques.

MM.

Pérot (Léonce), ex-artiste dramatique.
Perron (Paul), sculpteur, dessinateur.
Peyrieux (Jean), directeur de théâtre.
Pina (Auguste), peintre décorateur.
Pinero, auteur dramatique, Londres.
Posser (Charles), gérant du théâtre de D. Maria, à Lisbonne.
Pottecher (Maurice), directeur du Théâtre du Peuple de Bussang.
Pourcelle (Edgard), membre de la Société des auteurs dramatiques.
Prost (J.-C. Alfred), publiciste.
Pulhitz (baron de), intendant du Théâtre-Royal de Stuttgart.
Rau (Louis), administrateur de la Compagnie Edison.
Raymond (Charles), auteur dramatique.
Reding (Victor), directeur du Théâtre-Royal de Bruxelles.
Reis (Edouardo), peintre décorateur.
Resplaudy (Jean), architecte.
Rey (Jean-Etienne), artiste et auteur dramatique.
Rode (Jean La), auteur dramatique.
Ricard (Aline-Louise-Josèphe), violoniste.
Rikoff (Max), littérateur.
Roger (Gustave), agent général de la Société des auteurs dramatiques.
Rotiers (Frédéric), directeur de *'Eventail*.
Roux (Gaston-Henri), ingénieur conseil.
Roy (Henri), administrateur de Venise à Paris.
Ruoh (de), conseiller municipal à Budapest.
Sachs, architecte de Londres.
Saint-Paul (de), artiste lyrique.
Saint-Saens (Camille de), compositeur de musique.
Salih (Fuad), étudiant en droit.
Sallès (Antoine), avocat à la Cour d'appel.
Sauger (Amédée), directeur du théâtre d'Alger.
Schalk de la Faverie.
Schneider (Henri), critique dramatique.
Schurmann (Joseph-Johan), impresario.
Sequel, docteur.
Solenière (Eugène de), critique musical, professeur de musique.
Solignac, ingénieur.
Speck (Jules).
Stuart (Ogitio), auteur dramatique.

MM.

Szilagyi (Louis de), conseiller technique de l'Opéra-Royal de Bruxelles.

Talon, avocat.

Théatre municipal de Chartres.

Thénard (Marie-Jenny), de la Comédie-Française.

Thys (Marie-Elisa), auteur dramatique et compositeur de musique (pseudonyme littéraire Antoine de Fary).

Tremley (Maurice), homme de lettres.

Truffier (Jules), sociétaire de la Comédie-Française.

Uzanne (Louis-Octave), homme de lettres.

Vercken (René), avocat de l'Association des directeurs des théâtres de Paris.

Véry (Hector), ingénieur électricien.

Victor (Emmanuel), ingénieur-électricien.

Vielleville, secrétaire de la Compagnie des éditeurs de musique.

Vivet (Armand), compositeur de musique.

Walner (Franz), auteur dramatique à Dresde.

Wenzel (de), compositeur.

Wester, de Budapest.

William (Marie), compositeur de musique.

Yvart (Casimir).

Zander (Jean-Léon), homme de lettres.

APPENDICE B

Le Congrès international de l'art théâtral ne donna point de banquet. Il préféra, comme on l'a vu, et sur la proposition de son président, employer les quelques fonds dont il disposait à la rédaction du présent volume.

Cependant à la suite de l'une des réunions du soir, un certain nombre de congressistes se réunirent dans un souper amical qui eut lieu sous la présidence d'honneur de M. Catulle Mendès.

A la fin du souper, des toasts furent portés par MM. Adrien Bernheim, représentant le ministre des Beaux-Arts; Catulle Mendès; Gariel, délégué général du gouvernement auprès du Congrès; Adolphe Aderer; Gosset; le prince de Cassano.

Tous exprimèrent leur satisfaction du succès obtenu par ce premier Congrès de l'art théâtral et émirent le vœu qu'il ne fût point le dernier.

TABLE DES MATIÈRES

Paris. — Imprimerie C. Pariset, 101, rue Richelieu.

www.ingramcontent.com/pod-product-compliance
Lightning Source LLC
Chambersburg PA
CBHW070635100426
42744CB00006B/693

* 9 7 8 2 0 1 2 7 2 6 7 4 1 *